À Julie,
Puisses-tu vivre un jour tel que le ventre
de l'Amour t'a voulue,
Loin des tocsins des hommes éblouis
par leurs raisons amères et
Près de ceux élus par l'Ange pour glorifier
sa propre conception.
L'éclat du soleil au zénith aveuglera les torches
et les flambeaux,
Nous t'aimons par-dessus les nuages,
les montagnes et les océans.

Brigitte et Georges

Première partie

LORSQUE LE KARMA PARAÎT

Les influences astrales sur l'homme

Le troisième œil

Ce livre n'a pas la prétention de classer les comportements humains dans des définitions rigides ou un contexte technique et scientifique, mais de tenter d'expliquer et de démontrer les rapports très étroits entre un astre, une planète ou une configuration astrale et la vie d'un être humain à travers son caractère, son potentiel, ses choix, ses priorités, sa morphologie, son psychisme, etc.

Les astres et planètes ont toujours suscité chez l'homme une curiosité qui peut se manifester de deux façons : la première est de chercher à comprendre comment sont faites ces terres lointaines qui gravitent au-dessus de nos têtes, de concevoir si une existence est possible, si une race invisible ou évoluée y habite ou si nos rêves correspondent à une réalité. La deuxième est de concevoir le pouvoir et les influences que ces mondes ont sur nous en se laissant baigner par l'impression d'inaccessibilité et de transcendance qu'ils inspirent.

Cela revient à dire qu'il existe deux commentaires possibles. Le premier est essentiellement cartésien et vit du ressort de la science, de l'astrophysique, de l'astronomie et repose sur l'observation des éléments en cause : leurs mouvements, leur consistance chimique, les distances séparant ces éléments les uns des autres. Cette science du cosmos est bien sûr vérifiée, constatée et observée par des professionnels qui travaillent sur la matière, sur ce que l'on peut voir et donc constater. Le deuxième commentaire est essentiellement abstrait (donc irrationnel du point de vue du premier) : les effets du cosmos sur l'individu terrien. Ici, il n'est plus question de mesurer, de contrôler, de voir ou de palper, mais bien de comprendre les rapports ou familiarités entre le haut et le bas, et ce, avec des outils différents et une écoute globale moins facile, c'est-à-dire un public qui admet ces liens invisibles, impalpables, incontrôlables et difficilement vérifiables.

Pourquoi et comment serions-nous influencés par ce qui se passe à des millions de kilomètres de notre lieu de naissance ? Comment expliquer qu'un astre nous dirige ou qu'une planète agit sur notre personnalité ? Il faudra donc cheminer dans le sens inverse de celui du monde cartésien, du haut vers le bas, pour comprendre et constater des réalités évidentes sans passer par des considérations techniques et autres partis pris aveugles.

Le « mécano des astres » que je suis n'a pas cherché à inventer une méthode ni à propager un nouveau courant astrologique, mais s'est rendu compte dès ses premières analyses qu'il était entouré de castes morales, de clans psychologiques et de motivations caractérielles disparates vivant en société en tentant de se diluer tant bien que mal dans une uniformité sociale, en se heurtant aux difficultés du quotidien sans les provoquer consciemment pour autant, étapes à franchir et parcours chaotiques étrangers à leurs idéaux la plupart du temps.

L'homme prétend donc bien se connaître, se dominer, et il le prouve à travers ses œuvres et ses progrès sans se douter le moins du monde que ses influences profondes viennent de plus haut, d'ailleurs, que son microcosme vital n'est qu'un pâle reflet de ses aspirations divines qu'il confine ou caresse sans jamais pouvoir les consommer pleinement car il s'évertue à passer le plus clair de son temps à chasser ce qui l'agresse ou à défendre des acquis trop souvent trompeurs et aléatoires. Pourquoi celui-ci est-il heureux et l'autre non ? Pourquoi cet enfant est-il doué en mathématiques tandis que son voisin de classe peine autant ? Pourquoi cette personne aime-t-elle les fruits de mer ? Pourquoi cette femme rêve-t-elle énormément ? Existe-t-il autre chose que nos goûts, nos priorités, nos prédispositions, notre conscience ou notre libre arbitre ?

■ Le destin démystifié

Un thème astral renseigne l'astrologue expérimenté sur l'individu – goûts, habitudes, engagements, parcours et vocations –

qui vient, avant même qu'il n'entre dans son cabinet, grâce à la correspondance étroite entre la naissance de cet individu et le cosmos reflétant sa vraie nature et sa mission sur terre.

L'aspect extérieur, la parole, l'impact humain deviennent secondaires car l'astrologue discerne les vraies forces et les vérités profondes de celui qu'il écoute en voix « off ». Ces forces et vérités submergent cette personne en le guidant instinctivement vers ce qu'on appelle vulgairement son destin ou ses réalisations futures ; ce qui viendra de l'utopique réincarné découlera sur des désillusions, ce qui viendra de la divinité humaine se réalisera, ce qui n'empêche pas une alternance de ces deux pôles de se concrétiser comme on le remarque tous les jours.

Il existe donc une base plus originelle que toutes nos motivations les plus sincères, un tremplin profond sur lequel ricochent nos actes et nos déterminations, véritable berceau de notre identité. Les influx planétaires exercent une influence très puissante sur le comportement de l'homme et sur sa destinée, mais encore faut-il chercher à comprendre par où et comment ces mécanismes agissent, sur quels terrains et avec quelles possibilités. Il ne faut pas pour autant dresser un tableau de classification, bien qu'il existe des types, des clichés et des stéréotypes se mêlant à d'autres, appelés des *signatures planétaires* et pouvant alterner selon l'âge, l'environnement et l'évolution. Un déterminisme nous attendrait-il donc à travers ces affirmations ? Ces influx seraient-ils la clef de la vie, de la vérité ? La naissance, cet outil pratique et bien concret, serait-elle capitale ? Non… et oui.

Non, au regard de l'image de l'astrologie telle qu'elle est vulgarisée et assimilée la plupart du temps, c'est-à-dire de l'emploi qu'on en fait : être d'un certain signe zodiacal n'a jamais influencé un destin, une personnalité ou une vocation ; lire un horoscope dans un journal ou un magazine est plaisant et populaire mais pas très sérieux… Se faire un avis valable à travers cette culture de base prête à sourire et à dénigrer la crédibilité de cet art ; c'est de bonne guerre. Être né sous le signe du Cancer ne veut pas dire être doux, gentil, naïf, plein d'appétit, cuisinier ou maître nageur ! Être accouplé à tel ascendant renseigne encore moins… Là où l'on attend une vérité, une lumière plus nette, l'identification est encore plus floue ! On ne peut donc rien tenter de comprendre sous cet angle, à moins de rester dans un confinement bien douillet digne des contes de fées, rempli de belles paillettes et d'affirmations nébuleuses quant à nos possibilités. Cet emploi facile de l'astrologie permet des vocations rapides, crée un monde féerique très médiatisé en usurpant des pouvoirs inexistants et en exerçant un ascendant factice sur autrui. Pourtant, c'est l'image de l'astrologie de loin la plus connue et la plus pratique à aborder, grande porte d'accès avec tapis roulants au monde de la parapsychologie, la plupart des scientifiques ayant étayé leur opinion inébranlable à travers cette version de pacotille. L'astrologue thérapeute doit donc balayer courageusement sa porte tous les matins pour nettoyer ces insanités qui pleuvent, hélas !, continuellement…

Oui, au regard des véritables facteurs que sont les planètes et non les signes du Zodiaque : la vérité et la lumière transparaissent avec une certaine limpidité à travers l'observation de points clefs décelés dans une carte du ciel natal grâce à un guidage quelque peu technique et simple à utiliser.

Pour expliquer et convaincre, un travail doit se faire en amont : désintoxiquer, aseptiser et rendre fécond. Désintoxiquer quoi ? Nos réflexes et nos cultures dans ce domaine. C'est-à-dire comprendre et admettre que *notre signe solaire n'est qu'un élément parmi tant d'autres*, qui a pris une importance croissante au fil des temps et qui a jeté les bases de l'astrologie citée plus haut. Si vous êtes né un 4 avril, vous êtes natif du Bélier, c'est-à-dire que le Soleil se trouvait dans la constellation du Bélier à cette période de l'année, comme tous les ans. Le repère étant l'astre, vous êtes Bélier… point. Si vous en restez là, comme beaucoup, vous stagnerez dans les sempiternelles définitions caractéristiques prédigérées de ce signe du Zodiaque : le battant, l'impulsif, le courageux et le performant. Tant pis si vous êtes affable, calme et contemplatif.

Si vous voulez vous informer ou vous initier en montant votre carte du ciel, appelée aussi *thème astral*, vous remarquerez qu'il existe d'autres éléments planétaires gravitant dans cette carte et que le Soleil ne représente qu'un des dix éléments configurés symboliquement autour du Zodiaque : il est vrai que le Soleil se trouve bien dans le signe du Bélier, mais il y a aussi la Lune, Mercure, Vénus, Mars, Jupiter, Saturne, Uranus, Neptune et Pluton… tous basés dans des signes différents du vôtre, dans des endroits multiples formant des aspects, des amas, etc. Il y aura donc un choix à faire parmi ces éléments pour déterminer ce qui convient le mieux à votre identité et pour pallier aux vérités approximatives, voire fausses, de votre signe astral. Il y a aussi un ascendant, des secteurs appelés Maisons, des degrés, des nœuds lunaires, des points fictifs… Comment se reconnaître dans tout cela ? Par où commencer pour comprendre et se diriger ? Par une hiérarchie planétaire.

Les signatures planétaires

Si le Soleil est crucial dans votre thème astral, il ne doit pas néanmoins avaler la totalité de votre personnalité ou représenter l'ossature de votre identité, à moins que vous ne désiriez rester une fois pour toutes dans la coloration de votre signe.

Cette hiérarchie planétaire existe bel et bien : le Soleil peut être effectivement fort, mais il peut être aussi faible ou secondaire. Si Saturne, par exemple, se trouve en position dominante, elle va tenir un rôle plus prépondérant que l'astre du jour ; vous serez donc beaucoup plus influencé par Saturne que par le Soleil.

Comme tous ces astres et planètes, constituant cette photo du ciel qu'est votre thème astral, ne gravitent pas forcément dans le même signe que le « vôtre », il y a donc des divergences et des influences situées autre part dans ce Zodiaque, et alimentées par cette planète qui domine plus que les autres. C'est comme si vous aviez un second signe astral, une autre identité révélée par cet élément important : vous serez donc un Saturnien.

Un Saturnien ? Un Saturnien, qu'est-ce que c'est ? Comme le Soleil se trouvait dans le signe du Bélier – il s'y trouve tous les ans au mois d'avril – mais que c'est Saturne qui vous influence le plus, il vous faut savoir dans quel signe se trouvait cette dernière, car les autres éléments planétaires n'ont pas le même cycle que le Soleil.

Si Saturne se trouvait dans le signe de la Balance ce 4 avril, en même temps que le Soleil gravitait dans le Bélier, vous êtes donc un Saturnien de la Balance, ce qui explique que vous êtes beaucoup plus diplomate, pondéré et patient qu'impulsif, battant et courageux…

Intervient alors un cheminement nouveau vers une image juste et précise de vous-même, telle que vous ne l'imaginiez pas, à travers ces observations délaissant les clichés faciles et figés. Vous ne direz plus que vous êtes Bélier ascendant

Verseau – ce qui ne veut pas dire grand-chose, cette configuration pouvant aussi bien influencer un pompiste qu'un champion de ping-pong –, mais un Saturnien de la Balance – ce qui vous rapproche plus des réalités quotidiennes, ces Saturniens étant plus penseurs que manuels, ils utilisent leur jugement inné ; ce qui expliquerait, par exemple, votre travail dans la communication ou dans le droit.

Nous sommes influencés par une à quatre dominantes appelées *signatures planétaires*, assemblage coloré bien souvent disparate, guidant notre évolution en rapport avec le potentiel fixé à la naissance et agissant selon l'âge et l'environnement général.

Le type planétaire peut rester immuable ou bien varier, ce qui explique que certaines personnes changent de caractère, de voie sociale, de personnalité, et d'autres pas. Notre signature planétaire va donc inspirer notre vie et notre univers en y créant le décor, l'âme, le cœur et le corps, en apportant qualités et défauts, potentiels, limites, risques et dangers. La connaître ne permet toutefois pas de résoudre tous les problèmes mais seulement d'en cerner les frontières, les origines, les causes et les effets en se guidant vers une humble mais juste compréhension de soi.

L'astrologue recevant un Uranien du Cancer sait que son analyse différera complètement de celle qu'il aurait avec un Solaire du Bélier par exemple, ces deux signatures dépeignant des personnages ayant peu de choses en commun, bien sûr, mais aussi deux destins radicalement aux antipodes l'un de l'autre, deux morphologies distinctes, des idéaux différents, etc. Ces deux personnes pourraient pourtant travailler ensemble dans la même société, cohabiter pacifiquement en voisins et même être amis ou s'apprécier avec estime mais l'un aura tendance à réussir plus précocement que l'autre, l'un sera nettement plus enclin aux conflits relationnels, au divorce, celui-ci sera plus habile à la vie financière… celui-là beaucoup moins.

Ces signatures planétaires font office de miroirs reflétant des images et des décors, vision décalée de nos microcosmes sous un angle original et performant n'ayant pas son pareil dans le monde des sciences humaines et des investigations qui en découlent.

La naissance et le libre arbitre

Potentiels et dispositions

Que reste-t-il de l'homme, de son déterminisme et de son libre arbitre dans tout cela ? Est-il maître de sa propre vie ou n'est-il qu'un pantin préarticulé pour des figures limitées ? Existe-t-il des forces supérieures à l'homme ?

Nous entrons ici dans une éternelle polémique qui peut se résoudre une fois pour toutes de deux façons : par le macrocosme et par le microcosme.

L'homme évolue, se prend en charge, progresse en développant des forces et des intelligences insoupçonnées ; il crée, bâtit, conquiert et maîtrise avec l'impression d'une totale indépendance au regard des astres ou de puissances supérieures. Il naît et meurt avec des différences de parcours et de généralités ; mais s'il veut, il peut ; il est maître de son destin, à condition d'y adjoindre des doses de volonté plus ou moins intenses.

L'image du monde ne donne pas l'impression qu'il est gouverné par les planètes au-dessus de lui, sinon la vie serait plus belle et, même, éternelle. Le monde semble évoluer selon un ordre immuable qui n'aurait nul besoin d'explication ésotérique. En outre, nous savons tous qu'on peut tenter d'aborder le vaisseau avec des moyens multiples : religions, archéologie, trésors secrets, peuples enfouis ou disparus, philosophies diverses, sciences de haut niveau, etc. Nul n'a besoin d'être convaincu et rassuré quant à l'ordre des choses. Alors ajouter l'astrologie à ce capharnaüm d'avis et de convictions diluerait encore plus le chemin des pseudo-vérités. Pourtant l'homme semble faire partie d'un tout trop difficile à décortiquer pour finalement en rester à des approximations diffuses.

Sur le plan du monde, le libre arbitre semble crédible, et même une base très fiable pour tenter d'expliquer les évolutions, les mutations par les grands cycles de la race humaine. Il a été l'instigateur de ce que nous sommes actuellement, l'un des piliers fondamentaux du monde actuel. Qu'en est-il maintenant de l'individu lui-même ? Je suis persuadé qu'au stade personnel le libre arbitre existe bien, mais qu'il est très défini et limité dans son rôle, se cantonnant à ce que le potentiel originel propose : un impulsif aura beaucoup plus de mal à se maîtriser qu'un passif, même avec la meilleure volonté du monde, les contours psychologiques de sa personnalité étant différents et l'obligeant à puiser dans ses ressources avec plus ou moins de souffrances. Si l'impulsif et le passif avaient le même libre arbitre déterminé, avec lequel préféreriez-vous monter en voiture… ?

L'homme a des capacités de création et de compréhension limitée à un cadre réduit ; les noms des rares personnes qui ont atteint l'universel sont entrés dans les dictionnaires, car nous ne sommes faits que pour ce que nous pouvons faire, malheureusement. Ce qui revient à dire que l'homme se trompe ou occulte une chose essentielle dans la vie : le libre arbitre est bel et bien lié à nos dispositions naturelles, et il évolue à l'intérieur de frontières bien nettes mais néanmoins élastiques. L'homme confond la mission à accomplir et les prérogatives en découlant, il ne veut pas être assimilé à des puissances supérieures impalpables qui sont pourtant loin d'être ses ennemies, au contraire ! Son déterminisme et son libre arbitre, au vu de son destin, sont donc à la hauteur de ses possibilités, de son potentiel.

Le monde évolue plus vite que l'homme lui-même, bien que ce dernier croit être le maître de cette progression en s'octroyant des revenus moraux positifs même à travers les guerres, les calamités, les injustices et les déséquilibres humains. Il n'est pas le maître du monde, il ne maîtrise peut-être que ses propres facultés. Personne ne veut être malheureux, pauvre, malade, personne ne veut mourir… et pourtant. La véritable âme de l'homme, c'est l'humanité dans son ensemble.

L'astrologie planétaire est le calque précis de ce qu'est l'individu sur terre et renseigne donc sur son microcosme. Par cette méthode ou divination, il ne faut pas s'attendre à découvrir soudainement tous les secrets de la vie de cet individu dévoilés sur une page blanche prête à être consommée, par une sorte d'automatisme pratique et bien occidental. Il faut commencer d'abord par trouver sa (ou ses) signature(s) puis se typer, se définir parmi les 260 signatures* en rappelant que les possibilités sont nombreuses.

Chaque signature transpose son possesseur dans un certain monde – psychologique, social et physique, global, mais suffisamment limité pour qu'on puisse en découvrir toutes les possibilités –, et l'invite à manier l'analogie entre cette dominante planétaire et sa vie quotidienne.

Par exemple, un Vénusien du Cancer a une identité propre radicalement différente d'un Lunaire du Scorpion, même si ces deux personnages sont nés sous le même signe zodiacal. Ils créent leurs microcosmes respectifs selon le potentiel transmis par leur type, en étant inconsciemment soumis à ses lois : le premier est très sentimental, porté sur l'unité familiale, délicat et diplomate, attiré par le monde commercial, gastronome et assez faible physiquement, le deuxième est plus égocentrique, secret et solitaire, rejetant l'unité familiale par instinct rebelle, assez querelleur mais fort sur le plan physique et mental. Le parcours social découlant des priorités respectives de ces individus sera lui aussi différent, comme on s'en doute, mais, par contre, il sera facile d'imaginer ou de prévoir lequel des deux aura une vie plus facile et équilibrée, même s'ils veulent tous les deux être heureux. Nous avons ici deux karmas dont l'un est à portée de volonté, tandis que l'autre est beaucoup plus profond, donc nettement moins accessible. Même avec la meilleure volonté du monde, le Lunaire du Scorpion aura du mal à maîtriser ses tensions et risque d'en souffrir à défaut d'un guidage extérieur, tandis que notre Vénusien ne sera pas le genre à se poser trop de questions.

Où se situe donc ce libre arbitre à portée de tous ? Le libre arbitre est bien secondaire face à ces réalités mais il existe, en effet, plus ou moins maniable, voire inefficace selon les types. Pour finir de s'en convaincre, on peut se dire que si ce fameux libre arbitre était le même pour tous, le monde serait bien meilleur qu'il ne l'est actuellement, ce qui est facile à vérifier. Affirmer, comme certains ésotéristes, qu'il n'existe pas, semble inexact. Nous sommes mûs par des forces invisibles certaines mais pas assujettis complètement à leurs pouvoirs, l'intelligence humaine faisant bien la part des choses.

* « Signature : identité caractéristique découlant d'une planète importante ou dominante dans une carte du ciel natal. », *Cf.* l'étude complète que Georges Morin a consacré au sujet dans son précédent ouvrage, *Guide de l'astrologie planétaire*, paru aux Éditions De Vecchi (NDE).

La naissance

Et la naissance ? Pourquoi serait-elle la base de notre destin ?

Sur un plan purement humain, on commence tous par naître, c'est la base de notre vie, ce qui est admis dans le conscient collectif. Ce qui est moins admis, c'est l'analogie entre la réalité et le symbolisme ; il est même difficile de croire que le destin commence dès la naissance. La vie oui, le destin non. Beaucoup d'entre nous se posent la question de savoir si les influx planétaires agissent dès la venue au monde de l'enfant avec des variantes en cas de césarienne ou d'accouchement prématuré. J'ai même lu des articles d'astrologie expliquant comment les astres « s'impriment dans le cerveau de l'enfant au moment de la naissance », ce qui n'engage que l'auteur de l'article...

Personnellement je ne saurais répondre quant à la théorie de la naissance, cette dernière constituant néanmoins la base capitale de la carte du ciel sur laquelle l'astrologue travaille. La carte du ciel natal du bébé reflète le potentiel général de sa vie qui ne fait que commencer, mais les marges de possibilités diverses sont quand même importantes. En restant très modeste quant à la portée du thème astral, disons que nous pourrions voir si bébé sera sportif ou doué en maths, ce qui prouve que le moment de la naissance reste crucial pour poser des repères astrologiques permettant d'accéder aux intelligences divines. Maintenant, comment expliquer mécaniquement l'influence des planètes dès que l'enfant sort du ventre de sa mère ?

Si les astres agissent dès les premiers instants de la naissance, cela voudrait-il dire que les bébés seraient tous vierges, neutres et immaculés avant que leur mère ne les mettent au monde ? Seraient-ils donc tous égaux et sains avant que les astres ne se les approprient ? Comment alors expliquer les maladies congénitales, les fausses couches, les déséquilibres décelés dès les premiers mois de la grossesse, alors que la carte du ciel n'existe pas encore ?

Je suis persuadé que *la naissance n'est pas importante en tant que telle*. Elle est le *repère palpable d'une programmation*, d'un processus génétique ; elle est la finalité concrète et vérifiable d'une autre naissance, celle des origines. Je veux dire par là que notre vraie naissance se situe bien auparavant, sous forme de gènes transmis par nos ascendants et nos aïeux, la venue au monde ne représentant que l'aboutissement de cette transmission héréditaire pourvue de caractéristiques génétiques précises. Bébé n'a donc qu'une forme humaine et son heure de naissance appartient elle aussi à son potentiel ; il devait donc naître à ce moment-là pour prendre les dispositions de cet instant, quelles que soient les conditions de l'accouchement. Si nous décelons dans la carte du ciel d'une jeune fille un enfant de sexe masculin très physique, fougueux, sportif, porté sur les prouesses intellectuelles, il viendra. Il est donc né mais pas encore représenté, cette jeune femme étant déjà enceinte génétiquement, même si ce fils sera son premier, deuxième ou dernier bébé. Cet enfant léguera plus tard ces atouts dans la lignée de ses descendants. Mais aborder le plan génétique pur nécessiterait un ouvrage entier, ce qui est hors de propos ici.

Je ne tiens pas à sceller une définition rigide de la naissance, mais le fait de deviner et même décrire un enfant non né ébranle dangereusement la théorie selon laquelle tout commence lorsque nous naissons, et je pense que la porte est ouverte sur des perspectives plus cartésiennes que les miennes. Si une carte du ciel natal renseigne en général avec précision sur l'individu, elle renseigne parfaitement aussi sur ses opportunités de descendance. Ce qui veut dire aussi que cela implique une hérédité, et que nos tares antérieures issues de lointains aïeux peuvent faire partie du cortège, malheureusement. Je peux néanmoins observer souvent, au vu de cartes natales de bébés nés dans cette fin de siècle, que ces tares et autres lacunes se purgent peu à peu au fil du temps, laissant planer un certain optimisme quant à l'équilibre des futures générations, surtout au regard de l'agressivité en général.

Comment vais-je pouvoir expliquer et rendre crédible un phénomène vérifiable uniquement sur le plan symbolique ? Il est aisé de comprendre, néanmoins, que les progrès de la spiritualité et de l'intelligence passent par des zones de silence, d'oubli ou d'aveuglement. La gestation étant souterraine mais déjà fécondée par l'avenir, l'éclatement magique, les déclics ou les révélations surgissent sur le plan mondial par une crise, un blocage, un grand danger, une remise en question générale, ou l'irruption d'une vérité, laissant ainsi place à la raison devenue enfin adulte et indépendante.

L'astrologue est fasciné de constater ces futurs équilibres ou ces quasi-perfections dans les cartes du ciel des jeunes enfants de cette fin de siècle : tout semble les préparer à quelque chose de plus haut, de plus noble et de plus humain, comme si la raison qui les animera était nouvelle, inconnue et performante. Les nouvelles richesses seront à puiser dans la spiritualité, dans l'homme et ses pouvoirs, en rétablissant ainsi l'équilibre entre les mondes concrets et abstraits.

L'homme astral

La transposition de l'identité cosmique et planétaire d'un individu dans son environnement quotidien ne s'obtient pas par une traduction technique, une méthode secrète ou grâce à un don exceptionnel, mais par l'analogie.

En effet, le travail de l'astrologue consiste en 20 % de technique astrologique accessible au profane, et 80 % d'interprétation uniquement basée sur l'initiation et l'expérience. Ce qui revient à dire que si tout le monde peut acheter un avion, savoir le piloter relève d'autres critères. Cette analogie est la correspondance entre des points symboliques, fictifs ou réels d'une carte du ciel et ses répercussions les plus générales dans la vie quotidienne, qui peuvent s'étendre dans tous les domaines. Il faut toutefois s'imprégner de sérieuses bases d'astrologie pour pouvoir accéder aux portes de l'analogie et manier l'équivalence de ce qui est gravé en haut et se manifeste en bas : par exemple, l'observation des Mercuriens du Verseau vous fera constater que ce sont des gens qui bougent, qui ne tiennent pas en place, qui ne peuvent pas faire autrement que communiquer, qui se déplacent continuellement, pour ne pas en dire plus.

Le premier accès à l'analogie est de constater qu'ils sont VRP, chauffeurs de taxi, transporteurs ou travaillent dans les télécommunications, les médias, etc., selon leur pôle le plus fort et leur propre évolution. Ensuite, cette analogie peut vous conduire sur des éléments plus précis, ces Mercuriens étant relationnellement riches : ils déménagent beaucoup ou habitent divers sites ; ils sont nerveux ; ils se concentrent mal ; ils sont doués pour les langues étrangères ; ils sont très avant-gardistes, etc., l'analogie poussant jusqu'au microcosme de l'individu.

Il ne faut pas croire que tous les types planétaires sont identiques – les évolutions et les environnements vitaux étant, bien sûr, différents –, mais cet exemple nous renseigne parfaitement sur l'image reflétée des astres jusqu'à nous. La carte du ciel est un outil fiable permettant donc de comprendre motivations, déterminations, carences et limites lors de notre passage sur terre, mais aussi de connaître nos bagages ancestraux et karmiques, de savoir s'en extirper, les maîtriser et s'en servir car si les impacts socioprofessionnels, affectifs, psychologiques et physiques sont concrets et vérifiables, il n'en est pas de même pour tout ce qui est inconscient, donc invisible. Le monde occidental étant construit sur des dogmes socioculturels cartésiens laissant peu de place à l'improvisation symbolique, ne serait-ce que dans le mythe de la réussite, de la possession et du bonheur, cet inconscient karmique ne peut donc être pris en charge, n'ayant aucune possibilité d'adaptation concrète ; ce qui est impalpable, invisible et non productif allant droit au rebut de la raison cartésienne, surtout dans ces périodes de focalisation ultramatérialiste que nous traversons. Par exemple, une inspiration artistique qui réussit va découler sur un statut social d'artiste, un artiste qui ne réussit pas et reste confiné dans de vains efforts ne sera pas un vrai artiste, l'image sociale ayant largement supplanté l'essence même des possibilités latentes. Ce qui revient à dire que si ces automatismes sont involontaires et collectifs, ils n'en demeurent pas moins le révélateur de la grande dérive des valeurs. Il en résulte donc tout un monde malheureux, perdu, spolié et frustré qui va se concentrer sur des priorités dictées par les réalités du quotidien, laissant ainsi en gestation un capital qui n'intéresse personne car il n'est pas véhiculable sur les grandes routes menant à la réussite.

Cette gestation ne pouvant s'empêcher néanmoins d'être féconde, ce qui remplit peu à peu la cave de la maison va remonter à la cuisine et au salon et engendrer tôt ou tard un processus d'inondation psychologique, d'où névrose, dépression, phobie, agressivité ou tentative d'évasion générant concrètement divorces, ruptures, chutes sociales, isolement moral, errances mentales, psychiques, ou maladies graves. Ce bagage karmique est souvent dangereux car on tente de le gérer avec des outils et des méthodes inappropriées relevant plus de la mécanique huilée de la réussite et du rationnel : la logique d'en haut n'a pas le même langage que celle d'en bas, malheureusement.

L'homme astral est pourtant en mesure de bien comprendre

et maîtriser le volcan sans cesse en activité qui l'anime s'il peut trouver un écho solide, un témoin de ce qu'il vit, une raison venue de nulle part, l'écoute et la parole d'un bon psychothérapeute pouvant le guider et surtout lui faire comprendre que ses angoisses, ses phobies, ses tensions internes sont bien réelles, donc les banaliser pour les rendre plus malléables.

L'analyse d'un karma est toujours délicate car, mis à part les symptômes du consultant qui ne demande qu'à retrouver un équilibre, les « prises psychologiques » font souvent défaut ; il faut rendre conscient ce qui ne l'est pas en mettant au grand jour des vérités et des déclics sans les perdre ni les diluer au cours de ce trajet.

Le thème astral est un reflet de la vie qui peut s'utiliser dans des domaines pratiques mais aussi dans des contextes abstraits comme la psychothérapie, car le diagnostic est révélé par les dominantes planétaires et quelques éléments importants de la carte du ciel, ce qui donne un champ d'action très vaste au thérapeute. Pourtant l'astrologie colporte plus souvent l'image du futur, du prévisionnel voire du préventif, ce qui est exact mais qui ressort d'un usage professionnel différent, comme nous le verrons plus loin. L'être humain est tout d'abord défini, dans son thème astral, dans sa globalité ; cela implique donc le passé et ses sources primaires, qui se situent largement au-dessus du domaine divinatoire. Ce qui revient à rechercher ce qu'il était, pour connaître ce qu'il sera.

Le karma : ventre de l'hérédité

Le Bien et le Mal

Karma ou *karman* : « Dogme central de la religion hindouiste selon lequel la destinée d'un être vivant et conscient est déterminée par la totalité de ses actions passées, de ses vies antérieures. Pouvoir, dynamisme des actes passés en tant que détermination de l'individu transitoire. »

Cette définition du *Petit Robert* illustre fort bien le karma, souvent confondu avec une sorte de mission terrestre à accomplir pour que le cycle karmique puisse se perpétuer ensuite. Le karma n'est pas une entité précise ayant un début et une fin, une tête et des jambes ou une transmission avec adresse et nom de l'expéditeur. Ses origines seront toujours inconnues ; on sait seulement qu'il vient du passé, donc d'avant la naissance. Il représente une âme instinctive dans la vie de l'individu conscient, âme qui a traversé les âges par le biais de l'hérédité en constituant un bagage génétique inconscient mais vivace, qui sera plus ou moins puissant selon l'âge et l'expérience de cet attribut et aussi selon le degré d'évolution psychologique du propriétaire qui devra le gérer.

En fait nous n'avons pas demandé à vivre, même si nous sommes effectivement heureux ou malheureux. Notre naissance étant karmique avant d'être foncièrement humaine, les aspects humain, social, psychologique et physiologique interviennent après ce que l'héritage karmique veut bien offrir. Dans les âges les plus reculés, le karma était minime par rapport aux priorités de survie et de subsistance ; la rationalisation de la vie était si forte qu'elle annihilait complètement toute présomption de vie abstraite en dehors de l'effervescence religieuse. Au fil des siècles, les œuvres des ancêtres ont donc resurgi, en bien ou en mal, quelque chose de plus que la fécondité biologiquement admise, de par la femme et l'homme, parents par alliance du karma ainsi dégagé.

Avec ces explications, nous pouvons comprendre qu'une personne autre que physique et mentale née normalement, comme chacun, puisse porter un legs qui va se répercuter autrement, un jour ou l'autre, d'une façon plus ou moins intense, ne faisant pas partie de sa vie, de ses motivations, de ses idéaux, de sa logique et de son équilibre. Nos ascendants lointains ou proches nous laissent ainsi un héritage composé d'une hérédité qui peut s'utiliser, s'améliorer, se maîtriser – comme le physique et l'intelligence –, mais aussi d'une autre, qui reste invisible et réagit de tout autre façon.

La pratique de l'astrologie karmique en psychothérapie démontre que le karma peut avoir des origines très diverses, je parle en échelonnage de temps et d'époque, car on ne peut malheureusement pas dater un karma au carbone 14… Soit cette origine est ressentie par le consultant, c'est-à-dire qu'elle serait *a priori* relativement proche (à moins de trois générations), soit elle est beaucoup plus éloignée dans le temps et ne peut être ressentie facilement. Dans ce dernier cas, il existe parfois des « accroches », c'est-à-dire des bouleversements tellement forts – violences, drames, grands déchirements émotionnels, etc. – qu'ils peuvent trahir des faits ou des climats précis à travers leur intensité, permettant ainsi de mieux situer un environnement général afin de cerner la teneur de ce karma.

La transmission du karma à travers les générations s'imprègne de deux influences fondamentales constituant l'essence même de ce karma : ces deux pôles sont le Bien et le Mal. Il est aisé de comprendre qu'un héritage positif sera beaucoup plus bénéfique qu'un négatif, encore que dans ce dernier il y a matière à se libérer, donc à s'épanouir, même si le parcours est beaucoup plus difficile. Un karma positif alloue à son possesseur des possibilités qui se constatent rapidement dans la vie sociale ; il est chargé de « Bien » et va donc se répercuter dans la concrétisation d'élans très positifs. Je citerai le cas d'une jeune femme, par exemple, hypersensible, fortement émotive, avec une timidité alimentant des blocages, devenue artiste-peintre de talent, alors qu'elle aurait pu être torturée moralement ou écorchée vive, avec les problèmes majeurs que cela implique.

Le cliché général que nous avons du karma reste toutefois quelque chose de douteux, voire de négatif ; il n'inspire pas une image rassurante ; il fait parfois même littéralement froid dans le dos. Pourtant, un karma difficile – donc négatif à sa source – ramené sur des bases bénéfiques – c'est-à-dire un karma travaillé, traduit, maîtrisé, soigné puis guéri – offre des retombées multiples très bénéfiques, au-dessus des espérances et des efforts consentis. Il n'est pourtant pas motivant ni stimulant d'imaginer qu'une vie plus bénéfique ou que des perspectives d'évolution et d'épanouissement se trouvent enfermées et contenues dans un amas d'incompréhension, de remous et de douleurs constituant ce karma difficile. L'idée que l'on se fait du beau et de l'équilibre ne fait jamais intervenir en général un tel retour vers l'« enfer ».

Un karma maléfique, donc contaminé par le mal et le négatif, peut être exorcisé par celui qui en souffre à l'aide d'un thérapeute, un travail solitaire étant plus risqué, avec des marges d'erreurs et de fausses conclusions possibles. C'est donc quelque chose à comprendre et à gérer ensuite, l'important étant de savoir que rien n'est fixé ni figé dans la vie karmique, et qu'il y a toujours matière à résorber les effets pénibles d'une entité sourde, muette, invisible et venue de nulle part. Plus le Bien incarne le karma, plus il se voit dans la personnalité et la vie quotidienne dans un sens très favorable ; plus le Mal s'y est entaché et plus les effets resurgissent, démasquant ainsi la nature et la localisation psychologique de cette énergie négative.

Le talon d'Achille ou la grande faille du karma, c'est qu'on peut le comprendre. Mais il se dérobe à l'image du vampire fuyant la lumière pour ne pas être désintégré.

Les vies antérieures

Ce sont donc, comme nous l'avons vu, les vies antérieures qui alimentent le karma, qui s'amoncellent au fil du temps, legs bénéfiques ou séquelles à conjurer.

Mais qu'est-ce qu'une vie antérieure ?

Les avis abondent et les expériences aussi, l'idée la plus répandue étant celle de la réincarnation : nous aurions été quelqu'un d'autre dans le passé et nous sommes revenus sur terre après notre mort avec un joli petit sac à dos qui s'appelle le karma… La réincarnation est expliquée et « prouvée » par ceux qui racontent ce qu'ils furent avant, en général de grands personnages dans un décor féerique, ou bien des gens ayant joué des rôles précis dans des périodes précises, avec preuves à l'appui : description des lieux et des mœurs, explication des grands mystères historiques, et même arguments de thèses révisionnistes. Vous pouvez aussi avoir été moine, guerrier viking, garde suisse, bourreau, chef d'orchestre à Vienne, marquis ou maréchal, voire persécuté, exilé politique, écrivain maudit ou poète incompris, mais jamais chef de bande à Madagascar ou dentiste esquimau.

Le gouffre d'exagération et d'usurpation engendré par le sujet des vies antérieures est phénoménal, l'image véhiculée étant encore plus crédible quand elle provient de personnes plus ou moins connues ou célèbres, cet impact agrémentant plus facilement thèses et définitions. Certains croient même dur comme fer à des vies antérieures animales pour tenter de prouver leur extraordinaire amour pour les chats ou leur capacité à bien y voir la nuit, par exemple. Nous pouvons donc un jour ou l'autre être convaincus, par une personne qui use de ses pouvoirs ou de ses dons occultes, que nous étions ce personnage précis dans une vie antérieure avec nom de baptême, lieu de vie, moyens d'existence et faits marquants de cette vie traversée.

Je ne suis pas docteur *ès* karma mais, dans la pratique astrologique et psychothérapeutique, on ne retrouve aucune trace tangible d'identités fixes. Cependant, la voyance et la médiumnité peuvent faire des prouesses, sans aller toutefois jusqu'à des extrapolations délirantes. La tentation d'aller plus loin est grande mais les pouvoirs sont limités. Le plus grand ennemi du karma étant la lumière, je ne vois pas comment on pourrait braquer un projecteur sur une localisation historique et sociale dans une vie antérieure. Par contre, je constate qu'il existe des traces, des repères, des points d'ancrage précis permettant d'accéder à un climat antérieur, et je me sers de ces moyens en psychothérapie brève pour envoyer ces clichés au consultant afin de déclencher des réactions venues de l'inconscient encore non entamé : ces images floues du passé alimentent des déclics souvent spontanés favorisant une ouverture progressive sur l'inconnu qui entre alors en lumière, le consultant retrouvant donc un témoin de son inconscient qui va commencer à se banaliser. Voilà ce que je peux dire des vies antérieures sur un plan concret ; je pense que nous ne pouvons en saisir que les lambeaux, ce qui semble suffisant au regard des succès obtenus.

■ Les réincarnations

La réincarnation venue de vies antérieures existe donc, mais je suis persuadé qu'elle ne se transmet que sur un plan génétique, de par les ascendants et aïeux plus ou moins lointains, selon les cas, mais jamais par un personnage qui ne fait pas partie de la lignée héréditaire. Par exemple, quand on parle de dons, il est facile d'en cerner l'origine, chez les arrière-grands-parents ou les grands-parents, car il existe des preuves de similitudes allant du passé au présent. Il en est de même sur le plan de la réincarnation karmique, qui prend ses sources dans le patrimoine héréditaire essentiellement, patrimoine pouvant remonter à un lointain passé et même se diluer au fil des alliances. Le karma a donc des parents, une famille et une histoire sans sortir de ces gonds fondamentaux.

Il existe des nuances de mortalité et d'immortalité karmique, c'est-à-dire qu'on pourrait définir les karmas neufs ou jeunes et les karmas anciens et multicentenaires, la lignée qui se réincarne pouvant être relativement récente ou relever d'une continuité jamais rompue. Cette « immortalité » karmique se révèle à travers des cas généralement très puissants, qu'ils soient de nature positive ou non, et qui relèvent de vies antérieures intenses assaillant véritablement le sujet de manières diverses. Nous pouvons donc être mortels ou immortels mais pas dans un sens physique, seul un karma pouvant atteindre cette « immortalité ».

Si le karma n'est pas le même pour tout le monde et que les disparités sont extrêmement nombreuses, il y a aussi beaucoup de gens qui ne possèdent et ne vivent pas de karma. Il y a donc des karmiques et des non-karmiques. Une personne non karmique aura bien du mal à comprendre ces explications, car son univers n'empiète généralement pas sur ces zones abstraites et rien ne le pousse vers ces contrées de l'inconnu. Elle gère sa vie plus simplement, en se demandant pourquoi tant de gens se la compliquent ainsi ; elle trouve son équilibre dans ce qui lui est directement accessible, n'éprouve pas de problème d'identité et axe ses priorités sur des problèmes concrets.

Ne pas vivre de karma n'implique pas obligatoirement une vie plus facile ni une carence de lignée mais disons qu'une chaîne s'est rompue ou s'est purgée quelque part chez des ascendants, et l'absence karmique peut être aussi un autre message venu du temps. Beaucoup de gens avouent manquer de passion ou ne pas trouver d'intérêt dans la vie, s'ennuyer ou rechercher constamment un pôle attractif sans jamais y parvenir, ce qui peut dénoter le côté négatif de cette absence mais, bien heureusement, la majeure partie d'entre eux se complaît également dans ce climat bien douillet. Par contre, la relation entre un individu karmique et un individu non karmique est très souvent navrante, comme deux forces se repoussant instinctivement, aucune compréhension mutuelle ne pouvant être envisagée, une aversion tacite se dégageant très rapidement. On imagine facilement le cas de deux non-karmiques unis par l'amour ou l'amitié jusqu'au jour où, chez l'un, le karma s'éveille, ce qui creuse progressivement un fossé sans que l'autre comprenne, restant donc impuissant. Cela arrive très souvent et aboutit à des ruptures, des déchirements émotionnels, des divorces, la lumière de l'un ne pouvant plus éclairer les récifs secrets du partenaire. Paradoxalement, plus l'aspect karmique apparaît et plus la raison s'échappe, instaurant ainsi deux langages radicalement différents qui ne feront qu'éloigner toute forme d'équité relationnelle, l'approche de l'un favorisant la fuite de l'autre. Ce phénomène karmique est très courant autour de nous ; on s'en rend compte par notre propre expérience ou par l'observation de nos proches, les étiquettes explicatives n'étant pas du ressort du karma mais d'une raison bien plus terre à terre avec son cortège d'avis divergents.

Le karma est très souvent ressenti à la maturité, laissant généralement une enfance et une adolescence vierges de cette influence, à moins qu'il soit très marqué positivement ou de façon maléfique, les effets se constatant alors plus tôt surtout par des prouesses ou des facultés diverses quand il est favorable ou par des épreuves de santé ou des troubles caractériels quand il est moins favorable. La plénitude karmique se situe entre la trentaine et la cinquantaine, période où les manifestations pourront être captées puis maîtrisées grâce au ressenti qui constitue le champ de bataille et le terrain sur lequel le thérapeute va pouvoir travailler. La période de jeunesse est une zone critique par manque de ressenti psychologique, bien sûr, et donc par manque de repères, l'individu ne manifestant que des instincts primaires qu'il ne s'explique pas et laissant l'analyste impuissant pour transmettre des messages que la raison ou l'inconscient ne peuvent pas capter.

Le karma peut se révéler de différentes façons, sous des climats divers et hétéroclites. Dans tous les cas, il constitue toujours une vie en sommeil dont on sent la présence indescriptible, une vie sourde, muette et aveugle qui se tapit au plus profond de nous sans que l'on puisse lui donner un visage.

Le seul relief palpable de cette gestation est une impression que nous ne sommes pas encore au point, qu'il va se passer quelque chose de puissant ou que nous allons commencer un parcours initiatique forcé, une sorte de viol mental non consommé qui se prépare sous forme d'épreuve, de sacrifice ou d'exploit, de sursaut latent, comme une mission inexorable qu'il faudra donc accomplir tôt ou tard. Cette perception, pouvant être plus ou moins nette, met l'individu en alerte constante quant à des éventualités incontrôlables de sa vie perçues comme un ennemi invisible qu'il faudra combattre en ayant le sentiment de sa force et de sa supériorité : nous sommes donc tapis, guettant cette ombre qui est la nôtre et qui risque de nous écraser, ses armes étant divines et forgées dans le métal de la psychologie et de la transmutation.

Quand le karma veut montrer un peu plus son visage, les facteurs déclenchants se répartissent globalement sous trois formes : physique, émotionnelle ou psychologique. On serait tenté de dire que ces trois formes sont interdépendantes, l'émotion gravitant du physique au mental, du mental au physique, etc. Pourtant le terrain privilégié des manifestations karmiques risque d'être unique, c'est-à-dire qu'elles vont se jouer sur un terrain précis et bien délimité, du moins dans le commencement du travail, les dérives étant bien sûr inéluctables.

Les pathologies karmiques

Sur le terrain physique, les conséquences sont faciles à deviner pour tout le monde : c'est de la santé qu'il s'agit, une métamorphose intervenant à travers une épreuve dans ce domaine. Cela ne veut pas dire que tous les opérés ou que les grands malades soient karmiques : la transcription du message se fixe sur la forme physique, la santé ou la constitution mais toujours avec un point d'ancrage mental, c'est-à-dire une vérité enregistrée à travers cette forme de déséquilibre, le dégagement karmique s'accomplissant donc par ce biais. La peur de l'irréversible, la douleur, le frôlement de la mort, le choc accidentel ou l'épreuve d'une grande maladie éveillent donc inexorablement ce karma en sommeil, le rendant plus accessible et mieux défini : beaucoup de gens ont trouvé l'épanouissement après ces pénibles métamorphoses, en se projetant au plus proche de leurs aspirations supérieures. Cette forme de déclenchement karmique peut aussi concerner la perte d'un proche comme la douleur d'un deuil, ou une grande frayeur concernant un enfant, ce qui revient sensiblement au même quant aux phases de révélations.

Sur le terrain émotionnel, le domaine affectif est là aussi largement en tête statistiquement, et il rejoint étroitement le domaine physique ou de la santé. Comme on le sait, il existe de graves accidents sentimentaux avec des traumatismes sérieux affectant une longue période de la vie, des comas affectifs profonds avec convalescence pénible, le terrorisme émotionnel faisant de plus en plus partie de notre quotidien : adultères, trahisons, désillusions et mauvais coups du sort découlant sur des déchirures graves du tissu affectif. Il peut aussi s'agir d'enfance perturbée passée dans des conditions dramatiques qui ne parvient pas à s'exorciser avec le temps, d'une malchance générale et continuelle déclenchant des crises émotionnelles fréquentes mais aussi de plus en plus intenses, faisant ainsi craqueler l'écorce du karma.

Les effets de ces chocs puissants libèrent le fiel et l'acide du karma, qui vont se répandre sur le comportement général quotidien jusque dans les dogmes et les convictions, rongeant rapidement l'ossature supportant la personnalité d'origine qui devra mourir tôt ou tard pour pouvoir prétendre à renaître.

Ces deux premiers terrains d'évolution karmique sont de loin les plus fréquents et les plus pénibles, bien sûr, les vérités étant plus longues et plus compliquées à être révélées, et le plus grand réflexe humain étant de nier et de tenter de revenir sur des bases identiques mais plus saines, sorte de retour à la case départ aussi négatif que le précédent. Ces vérités et ces révélations vont aussi nous sembler inexploitables ou trop confuses à cause du contexte moral de cette crise. Comment, en effet, prouver qu'il y a du bien, de l'avenir ou de l'évolutif dans ce nid de douleurs, de rancœurs et de déchirures… ? Cela revient à savoir écrire aussi bien de la main droite que de la main gauche ou de reconsidérer sa vie à l'aide d'un jugement que nous n'avons pas encore mais qui arrive à terme.

Sur le terrain psychologique, le moins fréquent et de loin, le travail va être facilité et connaître un climat plus tranquille, plus graduel donc mieux géré. Il consiste généralement en des déclics psychologiques remettant en question un point précis de notre sphère vitale à force d'autoanalyse, comme rechercher quelque chose de perdu, d'inexact ou d'approximatif, petit grain de sable venant enrayer sans trop de bruit une machine généralement bien huilée. Si l'effet déclencheur reste progressif et serein, les répercussions vont suivre un chemin bien connu allant du microcosme au macrocosme, donc d'une focalisation étroite et bien ciblée à une reconsidération générale, selon un processus qu'on peut comparer à une réaction en chaîne. Sur ce terrain, les éléments en cause sont beaucoup moins nombreux ; les plus fréquents gravitent autour d'une rencontre affective ou amicale cruciale aidant à transformer rapidement ses conceptions, une initiation quelconque, la découverte d'un film, d'un livre, d'un auteur, d'un gourou, d'une technique, d'une passion, etc., amorçant ainsi un processus de mutation psychologique guidé vers son propre karma qui, dans ce cas, reste positif et fécond. C'est la rencontre d'un nouvel esprit qui va améliorer l'ancien en redonnant des valeurs plus authentiques à des conceptions intégrées par automatisme ou venant de l'éducation. Bref, tout était normal et une grande métamorphose régénératrice et fertile se met en place cette fois-ci avec des motivations plus heureuses. Les karmas faibles, ou moins violents que les autres, se plaisent sur ce terrain ; les plus difficiles et les plus chargés préfèrent les deux premières formes citées plus haut, mais les révélations à récolter sont aussi à la hauteur des efforts consentis.

Un karma à vivre et à accepter va créer deux mondes bien distincts : le sien propre, et le quotidien dans lequel on évolue. Dès que ce karma commence à paraître, il met en évidence que le présent va devenir inexorablement du passé et que bien des bases de notre structure vont disparaître par nécessité et force d'accomplissement de l'inconscient, ce qui met en scène deux langages, deux raisons, deux logiques, deux cheminements, sorte de frères ennemis qui n'ont aucun point commun. Se maîtriser, se raisonner et tenter de trouver une voie devient pénible, l'appel des sirènes formant des échos de couloir chez ces deux pôles aux antipodes l'un de l'autre. Expliquer par le concret et le rationnel une tendance pouvant être dangereuse relève de l'impossible car la logique d'en bas n'a plus de pouvoir en haut ; la lumière du bon sens ne contribuant qu'à faire fuir ce qu'on voudrait bien éclairer, il faudra donc cloisonner ces deux mondes et comprendre qu'il n'y a aucun lien de jonction ni possibilité de communication. La locomotive du karma étant l'intensité et sa mort la délivrance par la lumière, il faudra donc se fixer sur ces éléments car plus la douleur sera grande plus le message transmissible sera fort et donc sujet à des transformations radicales et salutaires que l'on ne pourrait trouver ailleurs.

Le karma est un révélateur de vérités enfouies pouvant désentraver considérablement la vie d'un individu, sorte de trésor à découvrir par un accouchement le plus souvent long et pénible (étant lié à la mort et à la vie à la fois) mais seul maître des métamorphoses évolutives. Il ne fait plus peur quand il est décodé car il s'évapore au fur et à mesure des progrès de la connaissance et de la consécration de notre identité profonde.

Les centres karmiques

« *Je suis convaincu que l'exploration de l'âme humaine est la science de l'avenir. Il devient toujours plus évident que ni la famine, ni les séismes, ni les microbes, ni le cancer ne constituent le plus grand péril pour l'homme, mais que c'est l'homme lui-même. Et pourquoi ? Parce qu'il n'y a pas de protection contre les épidémies psychiques, infiniment plus dévastatrices que les pires catastrophes de la nature. Il faudrait donc que les connaissances psychologiques se propagent à tel point que les hommes puissent voir d'où vient la grande menace...* » (Carl Gustav Jung, *Problèmes de l'âme humaine,* Buchet Chastel, 1991.)

Les différentes définitions de karmas qui vont suivre me servent de bases pour des investigations plus fouillées sur l'individu concerné, élaborées à partir de sa propre carte du ciel natal. Ce sont certains points d'ancrage précis décelés à partir de signatures planétaires et de dominantes qui désignent dans quel signe du Zodiaque s'est figé le karma, ce dernier n'étant pas directement du ressort des astres et planètes mais plutôt lié à un signe bien défini : le karma ne peut être Jupitérien du Taureau, par exemple, mais basé en Taureau. Pour être encore plus précis, il se situe dans le signe zodiacal où une signature ou une dominante sont fixées, en y intégrant les caractéristiques courantes de ce signe, mais il peut aussi être du ressort de votre signe solaire, donc de celui du Zodiaque de naissance. Lors d'une psychothérapie brève ou d'une analyse psychologique, la carte du ciel permet de cerner si le consultant est karmique, où se trouve ce karma, quelles sont les possibilités de dégagement, les effets à craindre, etc., ce qui aide le thérapeute en frappant dans le mille sans perdre de temps, et surtout en gagnant la confiance du consultant qui voit dans cette méthode un écho très crédible à sa situation et qui rassure ses espoirs d'équilibre.

Pour identifier votre karma parmi les définitions qui vont suivre, vous avez plusieurs possibilités :

– vous connaissez vos signatures planétaires ou votre dominante en signe et vous repérez ce karma grâce à ce signe ;

– vous ne connaissez pas ces signatures et dominantes : dans ce cas, tentez de vous définir à partir de votre signe du Zodiaque mais jamais à partir de votre signe ascendant, qui n'a pas de point d'ancrage karmique ;

– vous ne vous définissez pas à travers signe de naissance, signatures et dominantes : dans ce cas, compulsez toutes ces définitions pour vous typer.

Il est évident que chaque cas est unique, mais votre karma en signe peut vous rapprocher considérablement du cœur de la vérité en manipulant les analogies et les correspondances avec souplesse.

AVERTISSEMENT

On comprendra qu'on ne pourra aborder une explication de karma si nous ne sommes pas karmiques ou si le karma est encore en sommeil. Cette partie de l'ouvrage s'adresse donc à ceux qui recherchent des éclaircissements divers pour leur propre compte ou sur autrui, sous réserve qu'un travail ou qu'une manifestation karmique puissent être déjà observés dans le passé ou le présent. Les définitions des différents karmas se répartissent en quatre rubriques :

Caractéristiques : *cette rubrique explique les origines de l'essence même du karma en cause, ainsi que son environnement général. Il met en évidence le tissu naturel et originel qui caractérise cette forme karmique.*

Évolution : *cette rubrique explique comment les manifestations karmiques peuvent évoluer, surtout sur un plan psychologique dans le quotidien. Les définitions se font suivant les degrés d'intensité du karma en cause.*

Effets : *cette rubrique explique les effets concrets en perspective ou les effets latents, ainsi que les symptômes sur la santé et sur le comportement en général. Les définitions vont* crescendo *suivant l'intensité et la force du karma.*

Vies antérieures : *il s'agit, à travers cette rubrique, de laisser entrevoir d'où peuvent provenir ces karmas dans le temps et quelles étaient les conditions globales de vie des ascendants qui ont transmis ainsi ce karma, l'environnement social pouvant dépeindre l'origine de l'écho karmique en cause.*

Les karmas du Bélier

Caractéristiques : les karmiques du Bélier gravitent dans le centre de l'Instinct où nulle raison ne peut s'acheminer, étant elle-même d'essence destructible ou vulnérable face à la puissance primaire de ces instincts. Ces karmiques ne peuvent qu'emprunter la force, mentale ou physique, pour se dégager de cette déstabilisation sourde, force dirigée contre soi ou contre l'extérieur incluant un élan continuel et un engagement total dans le combat.

Évolution : à un premier degré, la gestation karmique engendre une menace de ne plus jouer un premier rôle dans la vie ou de se sentir décliner vis-à-vis d'un impact humain quelconque incluant progressivement la perte de l'image d'autrui, l'extérieur devenant alors inexistant. Primauté des instincts, besoin permanent de rapports de force et sens de l'affront viendront peu à peu consolider la sensation d'une perte de puissance. À un deuxième stade, l'inconséquence des actes avec guerre et paix sans trêve consciente, l'hypersensibilité aux réactions diverses, la dissémination des impulsivités sur l'extérieur et le terrorisme émotionnel ou affectif feront partie de ce cortège, le sujet ne sachant que se projeter au-devant des menaces fondées ou non pour rétablir un sentiment de sécurité à travers l'engagement et le combat.

Effets : insociabilité, sens des coups de théâtre, égoïsme primaire, esprit de clan et agressivité seront les formes les plus courantes de la métamorphose karmique. Sur une échelle plus intense, paranoïa, nervosité extrême, stress permanent, colères reportées sur autrui, violences, chocs et accidents, le karma sous-jacent libérant une énergie ne se dégageant que sous une forme physique et viscérale, le sujet ne compensant cette mutation que par la force ou, plus souvent, l'impulsivité, se créant ainsi un environnement d'antagonismes et de conflits. Sur le plan pathologique, tendance aux maux de tête, à de fortes migraines continuelles, aux inflammations diverses, aux palpitations cardiaques, voire aux saignements de nez. Insomnies très fréquentes.

Vies antérieures : ces karmas proviennent de la violence, de la souffrance et de la guerre la plupart du temps, incluant des origines dans des conditions extrêmement difficiles ou cruelles : environnement climatique, géographique ou historique très hostile où l'instinct de survie est permanent ou mettant en relief un danger puissant écarté par la force. La mort, les coups, les accidents, les cris guerriers, le sang, la souffrance, la tyrannie et l'arbitraire cohabitent dans un monde de totale insécurité. Les ancêtres peuvent avoir été aussi des leaders, des chefs ou des autorités maniant un quelconque droit de vie, de justice, de sanction, ou bien des personnalités autonomes et isolées, des représentants de la force, des soldats, des nantis d'un pouvoir direct et radical, voire les pionniers d'un ordre, d'une éthique, d'un idéal dans un climat où les rapports de force étaient omniprésents.

Carte du ciel 1 :
une femme atteinte de spasmophilie
et de crise de violence*

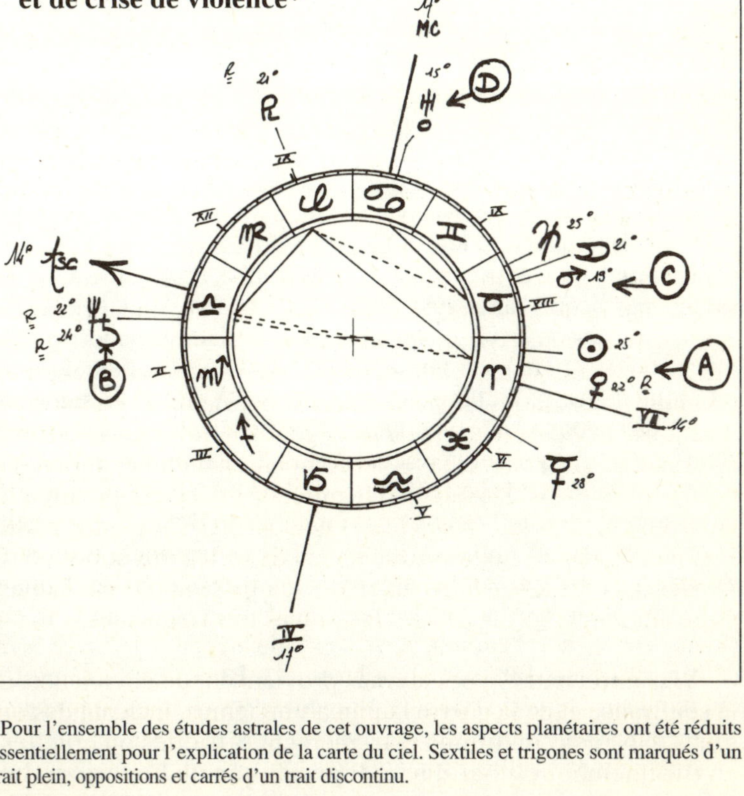

*Pour l'ensemble des études astrales de cet ouvrage, les aspects planétaires ont été réduits essentiellement pour l'explication de la carte du ciel. Sextiles et trigones sont marqués d'un trait plein, oppositions et carrés d'un trait discontinu.

Commentaires de la carte 1

Cette femme, au demeurant très sympathique, souffre de troubles nerveux fréquents pouvant devenir critiques. C'est une native du Bélier où son karma s'est figé et par rapport auquel elle réagit par des symptômes violents. Elle est Vénusienne du Bélier (**A**) par son ascendant Balance, ce qui l'avantage physiquement car Vénus est également en conjonction au Soleil, mais ce qui lui confère aussi une certaine impulsivité latente (Bélier). C'est une Saturnienne de la Balance (**B**), toujours par ce même ascendant, Saturne étant ici en opposition à Vénus de la Maison 1 à la Maison 7 (moi et les autres) : elle est extrêmement jalouse de son mari (Maison 7) et ne peut maîtriser ses impulsions (opposition Saturne-Vénus qui est ici critique, car ces deux planètes sont les signatures planétaires de cette femme), son karma étant projeté vers l'époux (Vénus en Maison 7) que l'on devine séduisant, équilibré, magnétique et fidèle (Vénus en conjonctions au Soleil). Jusqu'ici rien ne paraît alarmant ni ne semble justifier des inconvénients plus graves, sauf si l'on observe les deux dernières dominantes de cette carte du ciel : cette native est aussi Martienne du Taureau (**C**) par une partie du Scorpion avalée par l'ascendant, Mars étant fixé en Maison 8, le secteur des crises et des métamorphoses, et en Taureau, favorisant les obsessions et les phases dépressives violentes (Maison 8).

Elle est également sous la domination d'Uranus en Cancer (**D**), signature émanant aussi de cette partie du Scorpion sous l'ascendant : impulsivité extrême, hypersensibilité et attachement obsessionnel aux acquis familiaux (Cancer), Uranus faisant ici un sextile à Mars en Maison 8 (**C**), ce qui alimente des dérèglements nerveux incontrôlables pour cette femme, allant jusqu'à des crises de spasmophilie de temps en temps (Vénus trigone à Pluton en signes de feu). Nous avons affaire à un karma très difficile lié à une vie antérieure mettant en relief la réincarnation d'un homme et de sa vie dans le psychisme de cette femme dont on peut distinguer le parcours approximatif : homme de premier plan (Bélier), doué, riche et entreprenant (Vénus conjointe Soleil en trigone à Pluton du Bélier au Lion), qui semble avoir vécu une chute sociale et financière très pénible (Mars en Taureau en Maison 8), un déshonneur (Uranus en Cancer) et/ou la perte de sa vie au cours d'une crise ou d'une révolte (Mars sextile à Uranus). Bref, les dominantes appuient sur la guerre (Bélier), l'argent et les charges (Taureau et Lion), et les bouleversements (Uranus et la Maison 8).

Cette femme a choisi son époux selon ses critères inconscients avec la peur instinctive de le perdre, peur émanant de cette vie antérieure, d'où toutes ces tensions répétées, spasmophilie et violence s'apparentant au climat du vécu, jalousie et tendance boulimique à la peur de perdre, de subir une destruction, un anéantissement dont son psychisme fait écho sans qu'elle le sache ni ne le maîtrise. Suite à une psychothérapie brève forgée sur ces révélations, cette femme a pu contrôler de mieux en mieux ses problèmes, surtout vis-à-vis de son mari, mais les instincts restèrent tenaces. Elle exerce la profession de coiffeuse (Vénus = beauté, Bélier = tête [**A**]), ce qui fait penser à la décapitation de l'homme en question (Mars = tête, Taureau = cou en Maison 8) et à une exécution en masse (Mars = tête conjoint à la Lune = foule, peuple).

Les karmas du Taureau

Caractéristiques : les karmiques du Taureau sont essentiellement dépendants des forces naturelles et de la logique des cycles de la nature et du temps. Ils n'ont d'autre ressource que de s'intégrer dans la rigidité des lois cartésiennes par crainte de l'approximatif, de la déviation irrationnelle ou de la perte instinctive de valeurs sacrées. Le but de ce karma est d'atteindre le centre de l'Équilibre.

Évolution : la gestation karmique inclut très souvent un désir constant d'accroître ses besoins et de consommer par peur de perdre, d'être démuni, ou par un enracinement profond et inconscient de l'intérêt. À un degré supérieur apparaissent des fixations cimentées par la logique et un rejet des différences psychologiques, l'évasion hors du microcosme devenant impossible. Le présent tend à devenir pesant, la prévision devient pénible, la stagnation ou la lenteur rassurantes. La conclusion immédiate devient un outil de base pour favoriser le besoin de se fixer. Chaque poussée karmique projette l'individu vers un éloignement de ses indispensables repères, les mutations devant bénéfiquement en découler parvenant à franchir très difficilement le cap de l'abstrait à cause de cette peur panique liée au néant.

Effets : la surconsommation alimentaire ou matérielle viendra compenser le sentiment de spoliation occasionné par la découverte inconsciente d'une vie parallèle découlant sur une forme d'insécurité générale, les entêtements liés à l'instinct de possession étant tenaces. La métamorphose karmique peut se traduire par des obsessions, des colères directement projetées sur les négligences d'autrui, une appréhension intense de forces non conformes dépassant le contrôle de soi : tendances dépressives, grosses fluctuations de poids, boulimie, surcharges pondérales, dérèglements glandulaires et formes hépatiques diverses. Climat dépressif continuel, phobies ou forte anxiété.

Vies antérieures : ces karmas sont issus de la terre, de l'univers du terroir, d'un monde rustique ou de l'acharnement d'un travail lié directement aux éléments naturels, aux matières premières : agriculture, domaines agraires, artisanat rural, construction immobilière ou mettant en relief la nourriture. Ils mettent souvent en évidence des ancêtres ayant eu un patrimoine important, des pouvoirs financiers voire des charges publiques liées aux droits, impôts, taxes, favorisant un enrichissement ou un accroissement matériel, ainsi que des personnages ayant eu un savoir-faire technique transmis par apprentissage, par hérédité ou par compagnonnage. Dans certains cas, ces karmas peuvent provenir de dons ancestraux liés à la sorcellerie, à la magie, à la guérison par des facultés physiques ou intellectuelles (magnétisme, plantes, breuvages, etc.).

Carte du ciel 2 : un pharmacien biologiste

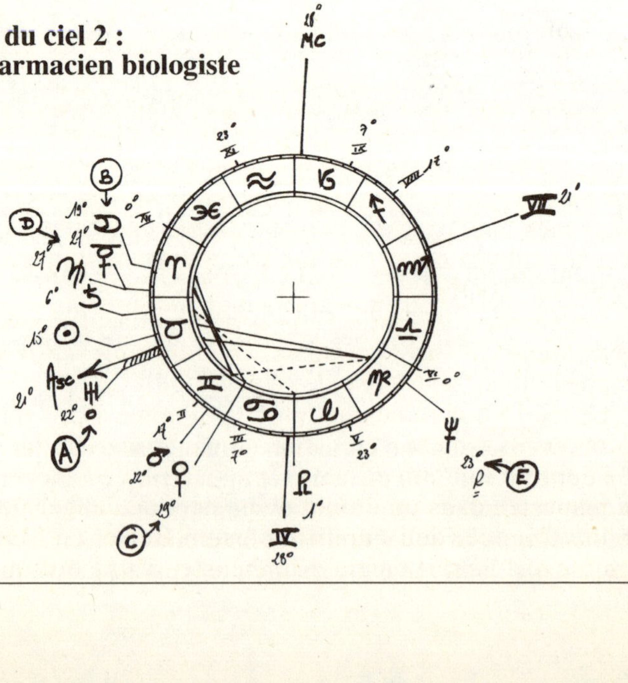

Commentaires de la carte 2

La pharmacie et la biologie sont du ressort du Taureau, signe de la matière et de la Vierge, signe de l'analyse et de l'infiniment petit. Cet homme est un Uranien du Taureau par la présence d'Uranus fixé sous l'ascendant (**A**) ce qui n'est pas une signature planétaire habituelle puisque son ascendant Taureau devrait en faire un Lunaire du Bélier (**B**), un Vénusien des Gémeaux (**C**), ainsi qu'un Mercurien du Bélier (**D**) par une partie du signe des Gémeaux absorbée par l'ascendant ou Maison 1.

Ces dernières dominantes marquent très bien sa personnalité et ses goûts, ne serait-ce que par son impatience, son inclination aux risques, sa spontanéité ou son attrait pour les pays chauds (Lune-Bélier en Maison 12) (**B**), sa grande communication, sa souplesse d'esprit, sa tolérance et ses goûts dépensiers non matérialistes (Vénus-Gémeaux dans la Maison 2) (**C**), son agilité mentale, son instinct de curiosité et de découverte pour tout ce qui est caché, occulte ou irrationnel (Mercure-Bélier en Maison 12) (**D**). Mercure conjoint Jupiter dans cette Maison difficile au sextile de Vénus en Gémeaux, marquant aussi plusieurs mariages, ces planètes faisant partie des dominantes planétaires.

Le karma s'est figé en Taureau par l'intermédiaire d'Uranus (**A**), faisant un axe constructif avec Neptune en Vierge (**E**), favorisant une vocation ayant des liens avec la terre, les matières premières, l'essence de la nature mettant en scène des appareils spécifiques (Uranus) et des créations analytiques, des produits, des médicaments (Neptune en Vierge en Maison 5) (**E**). Son karma, ici paisible mais puissant, l'influence vers une soif de connaissance dans des domaines ésotériques ayant un rapport avec les substances d'origine, sorte de quête du passé afin de revenir aux sources.

Cet Uranien du Taureau (**A**) est un imminent spécialiste collectionneur de Tarots anciens, ainsi qu'un excellent photographe (Uranus au trigone de Neptune).

Ce natif vit la réincarnation d'un homme ayant eu des pouvoirs occultes ou sorciers, surtout sur la matière ou le physique dans un lointain passé, et une puissance vénérée, crainte ou respectée dans un climat de guerre, de danger permanent et de violence (deux dominantes en Bélier en Maison 12) comme s'il faisait partie d'une caste, d'une éthique, d'une religion, voire défenseur d'une cause ou de sources originelles, cet Uranien étant par ailleurs originaire de l'Albigeois, professionnellement installé dans une région française rustique, berceau de sorciers et de guérisseurs, et désirant s'implanter dans le Sud de l'Espagne ou l'Afrique du Nord. Il est aisé de penser à des formes mauresques ou de catharisme dans une enveloppe féodale, mais ici s'arrête toute autre sorte de précision, le karma ne se développant qu'à travers des goûts, des aspirations et des priorités trahissant les origines mais ne permettant pas d'identifier quelque personnage que ce soit.

Cet homme a subi une greffe hépatique risquée, ce qui prouve qu'Uranus à l'ascendant, outre le potentiel positif et inhabituel qu'il implique, ne laisse jamais son possesseur sans une grande épreuve physique dans la vie, grave opération, grave accident, grave déséquilibre, etc. L'influence des signes du Bélier et du Taureau habités par ses dominantes a agi sur le fer, le glaive, le scalpel, la coupure (Bélier), ainsi que sur le système hépatique et digestif (Taureau).

À noter également des goûts très épicuriens portés sur la gastronomie du terroir (trois planètes en Taureau), ainsi qu'un legs karmique : ce karma en effet est légué et transmis pour continuer à être « vivant » à travers ce trigone d'Uranus à Neptune dans la Maison 5, secteur des enfants, le fils de cet homme étant un chercheur très performant en médecine génétique, autre outil d'inquisition des origines…

■ Les karmas des Gémeaux

Caractéristiques : les karmiques des Gémeaux gravitent dans le centre des Images et des Miroirs, sorte de labyrinthe parallèle à leur existence et dont ils doivent s'extirper ou vivre. Le but de ce karma est de gérer plusieurs vies à la fois à travers des dualités qui peuvent être conscientes – dans ce cas, ce sont des dualités maîtrisées et positives – ou inconscientes – ce qui implique dans ce cas la recherche constante de bases évolutives.

Évolution : à un premier degré, le besoin de produire des images est courant, images pour soi entretenant ainsi une circulation cérébrale, ou images pour les autres, données en nourriture continuelle sur l'extérieur. L'identité est mal définie et alterne donc sur des phases caractérielles distinctes, refoulant toute unité de la personnalité en propulsant le natif sur de continuels ricochets d'images qu'il tentera en vain d'assimiler. À un deuxième degré, le natif peut devenir littéralement prisonnier des images sans possibilité de dissection mentale ni de raisonnement intérieur, son jugement étant dorénavant étroitement dépendant de la vision que les autres auront de lui et de l'impact sur eux de ces images. L'influence trop puissante de l'extérieur sur l'image de soi entraîne une pesante impression d'inachèvement personnel et une dispersion continuelle de l'ego à travers l'autre.

Effets : l'esclavage inconscient par l'image et les miroirs favorise une affectivité qui ne sera jamais en osmose ou complète, d'où des dualités courantes dispersées dans divers domaines. Manque de code éthique, double vie, poids du présent et de sa gestion peuvent aussi découler sur le dépassement des interdits par une vénalité consciente et puissante ou par des instincts de fuite par l'éparpillement, la diffusion, la communication à outrance, le besoin permanent de bouger, de se déplacer, de déménager, de ne pas se fixer par cette crainte d'être confronté à sa vraie image. Ces karmiques peuvent donc être très extériorisés, manipulateurs ou usurpateurs d'images mais aussi nerveux, anxieux, stressés, mal concentrés ou diffusant malgré eux une impression de contradiction, de discrédit, de futilité ou de vie artificielle.

Vies antérieures : ces karmas généralement jeunes sont issus des grandes mouvances humaines : scissions géographiques, déracinements familiaux, mutations politiques ou sociales, émigrations forcées, éclatement du milieu des origines, etc. Karma pouvant être aussi lié à un ancêtre qui voyageait, qui colportait, qui sillonnait une région, un pays, ou à un aïeul lié au monde des images, acteur de théâtre, illustrateur, imagier, habilleur, costumier, tailleur, marionnettiste, imprimeur, journaliste, artiste, écrivain, etc. La vie antérieure met en relief de continuels déplacements pouvant aussi être liés au courrier, à la messagerie, au transport, voire à la distribution ou à la diffusion de denrées.

Carte du ciel 3 :
un auteur de bandes dessinées

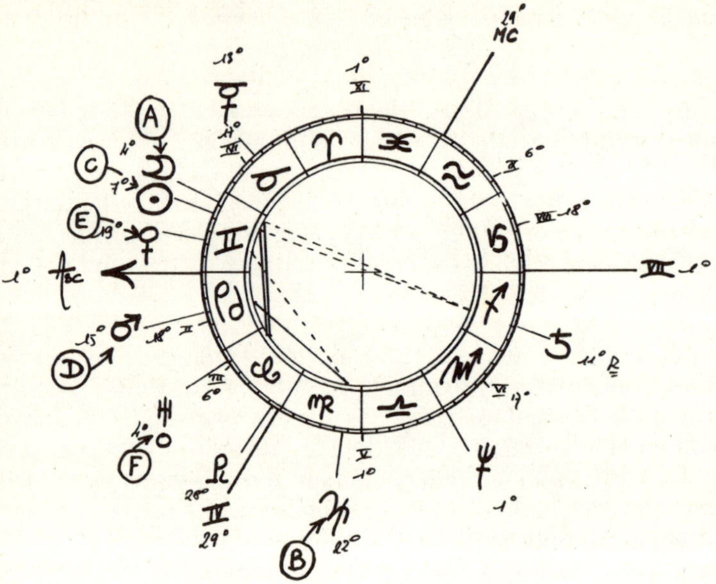

Commentaires de la carte 3

L'ascendant dans le signe du Cancer donne à ce natif deux signatures planétaires : c'est un Lunaire des Gémeaux (**A**) et un Jupitérien de la Vierge (**B**). Le karma de cet homme emprunte donc l'image et les outils de l'imaginaire pour s'incarner à travers la Lune en Gémeaux en Maison 12 (**A**) qui confère une grande activité cérébrale, une imagination débordante faite de clichés visuels pour échapper à une certaine fébrilité morale, à des inquiétudes et des anxiétés continuelles.

Si cette première signature en Gémeaux avantage tant bien que mal la créativité, la Lune étant conjointe au Soleil (**C**) – car ce natif est né au cours d'une nouvelle lune –, la deuxième signature, en Vierge, lui apporte une dextérité manuelle, comme quoi les influx Gémeaux-Vierge ont donné cet amalgame constructif et passionnel, communication et images, savoir-faire technique et méticulosité. Cet homme, de nature sympathique qui manie l'humour avec subtilité (conjonction Lune-Soleil en Gémeaux), incline pourtant ses œuvres vers un climat noir et violent teinté d'érotisme désuet guidé par Mars en Cancer (**D**) au sextile de la deuxième signature planétaire, Jupiter en Vierge (**B**). Mars en Cancer sous l'ascendant influence une force dirigée contre lui mettant en scène des époques révolues (Cancer) et des femmes destructrices ou dominatrices (Mars en Cancer). Si chaque Lunaire est lié plus ou moins aux femmes, au monde féminin, à la famille, à une clientèle ou un public, la vie de ce natif est elle aussi dépendante de ce contexte particulier. Unions ou liaisons fréquentes qui ne se stabilisent pas, ne serait-ce que par l'influence de Vénus en Gémeaux en Maison 12 (**E**), manque d'unité sentimentale, dualités complexes et passions affectives uniquement dépendantes des images (trois planètes dont les deux astres en Gémeaux en Maison 12).

Le karma de cet homme ne peut donc se résorber que par des actes imaginaires ou une vie artificielle à travers des actes constructifs dans un environnement artistique certes, mais utopique. Il travaille beaucoup chez lui (Jupiter en Maison 4, secteur de la vie familiale entre autres) mais il se déplace aussi beaucoup à la rencontre de ses lecteurs (Lune en Gémeaux), il déménage assez souvent ou habite plusieurs points de chute, ce karma le poussant vers une fuite inconsciente de sa propre image dans un climat de va-et-vient, de petits voyages, de communication de proximité continuelle, de navettes, etc.

Nous pouvons noter aussi son aspect physique très avantagé et dégageant énormément de magnétisme (naissance en nouvelle lune) et une sorte de jeunesse très ancrée faisant penser qu'il ne fait pas son âge (signature planétaire en Gémeaux). Il est très nerveux et souffre de palpitations cardiaques fréquentes (Lune et Soleil en Gémeaux sextiles à Uranus en Lion) (**F**). Voilà comment un karma des images peut s'identifier, Jupiter en Vierge donnant donc l'outil pour s'en défaire : il en aurait été autrement si Jupiter avait été dans un autre signe que la Vierge ; notre héros aurait pu transcrire alors ses images à l'aide d'autres moyens, découlant sur un métier différent.

Les karmas du Cancer

Caractéristiques : les karmiques du Cancer vivent dans le centre de l'Émotion et du Néant, véritable relais puissant des vies antérieures amplifiées par la résonance particulière de ce signe du passé. Le but de ce karma est de trouver une source libératrice dépositaire d'un équilibre « ancien » ou d'une vérité venant d'un temps indéfini, permettant ainsi un accord passé-présent. Chaque type de ce karma véhicule un point commun avec les autres : recherche d'une racine, d'une identité d'origine ou d'une mission du passé à acquitter.

Évolution : l'omniprésence inconsciente du passé alimente involontairement une situation de non-oubli, figeant le natif au centre d'émotions continuelles qu'il ne peut gérer concrètement par manque de repère, la disparité entre la fiction et la réalité étant souvent nulle ou mal perçue. Dans un premier temps, l'énergie du karmique va se propager à travers une constante recherche d'unité affective totale afin de ne pas sortir de l'œuf émotionnel par peur de souffrir ou d'évoluer vers l'inconnu, cette gangue matricielle se transformant peu à peu en citadelle autodéfensive. Les liens indissolubles du passé vont bloquer toute gestion du présent et de l'avenir en projetant le natif dans une gestation de combats intérieurs souvent contradictoires mais le guidant progressivement vers les plus profondes et salutaires vérités. À un stade plus avancé, le karma évoluera vers une perception innée de la vie mais toujours à travers métamorphoses ou remises en question cruelles et radicales, le natif gardant un lien très étroit et instinctif avec les cycles naturels de la vie.

Effets : les symptômes karmiques de base se traduisent très souvent par un refus de l'âge adulte par crainte instinctive de l'avenir, donc de sa propre évolution : forte susceptibilité, protectionnisme familial farouche, appréhension continuelle de la fatalité, esprit critique, méfiance alternant avec naïveté, etc. À un degré plus élevé, le natif projette ses appréhensions sur les autres par un transfert persuasif, et devient donc victime indirecte de ses propres maux en se dégageant ainsi des responsabilités : paranoïa latente, autodestruction par des abus divers, illusions tenaces, antagonismes soudains, rejet de son malheur et de sa colère par la faute d'autrui, etc. Au stade supérieur, le natif recrée un abandon, c'est-à-dire qu'il se remet dans un personnage abandonné et qu'il le sera en recréant sa séparation de la gangue matricielle d'autrefois et se projetant vers une renaissance souvent très longue et douloureuse. Il en résulte des effets divers selon l'intensité du karma en cause, intensité qui peut être graduelle ou limitée mais aussi extrêmement puissante puisque c'est sous l'égide des signes d'eau (Cancer-Scorpion-Poissons) que nous trouvons les karmas les plus difficiles incluant l'alcoolisme, la violence, la drogue ou le suicide. Bien heureusement cela reste des cas isolés, les effets se répercutant très souvent sur cet œuf émotionnel propre au signe du Cancer : tensions ou bouleversements affectifs, familiaux, sentimentaux, ainsi qu'un psychosomatisme puissant affectant la sphère digestive, les prises ou les pertes de poids, la gestion du sommeil, et favorisant une anxiété profonde ou une agressivité latente.

Vies antérieures : ces karmas sont généralement très anciens et sont issus de la famille, c'est-à-dire d'une forme d'amour et d'unité qui a vécu en groupe très serré sous un climat affectif crucial mettant en jeu parents, progéniture, foyer et famille. Si le karma est constructif, la famille « mère » a été illustre, très évoluée ou épanouie socialement ; si le karma en cause est difficile ou négatif, c'est par des déchirements, des deuils, des drames ou des séparations qu'est née cette chaîne karmique que l'on retrouvera certainement tout au long de la vie du natif en question. Très souvent, les ancêtres ont été en contact permanent avec un environnement hostile ou dangereux : monde de la maladie, des épidémies, monde de la pêche, de la marine de guerre ou de commerce, monde de l'exil, de la déportation ou de l'occupation contrainte, monde du peuple ou du prolétariat assujetti à des conditions de vie dramatiques, monde des condamnés, des déracinés, d'un esclavage quelconque, etc. Un aïeul ou un ancêtre a pu aussi jouer un rôle important à travers une responsabilité élective, un commandement, une charge politique, ou a pu être le chef d'une famille importante, d'une caste ou d'une lignée particulière.

Carte du ciel 4 :
un veuvage précoce

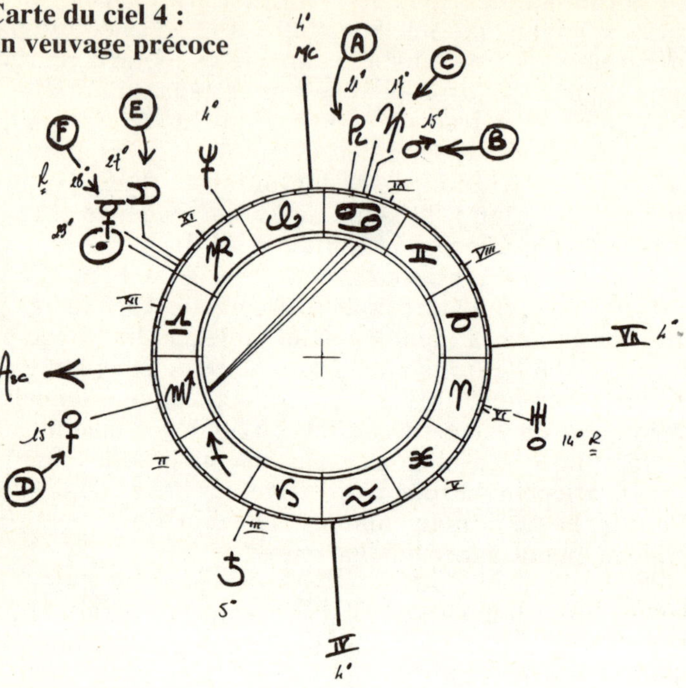

Commentaires de la carte 4

Trois signatures planétaires pour cette femme née sous le signe de la Vierge mais dont les gouverneurs de son ascendant Scorpion influencent d'autres signes plus importants que celui de la naissance, comme nous allons le voir. C'est une Plutonienne du Cancer (**A**), ainsi qu'une Martienne du Cancer (**B**) par cet ascendant Scorpion, mais aussi une Jupitérienne du Cancer (**C**) par le signe du Sagittaire englobé en partie par l'ascendant.

Le karma est donc très fixé dans ce signe du Cancer, où se trouvent les trois principales signatures planétaires de cette carte du ciel, karma peu tranquille de par l'influence de Mars et de Pluton : enfance perturbée par le deuil du père et du frère aîné, blocages sur le plan psychologique, violences sexuelles subies durant l'adolescence, etc.

Le caractère de cette femme est extrêmement doux et généreux (Cancer) et elle est très portée sur la psychologie dont elle a fait son métier, orientant des enfants principalement (influence Cancer). L'origine du karma est ancienne et semble issue de grands déchirements familiaux dramatiques (Pluton-Jupiter-Mars en axe avec Vénus en Scorpion) (**D**) qui se sont succédé durant son enfance, mais aussi sur la création de son propre foyer : elle devint veuve à la trentaine (signature martienne en chute) (**B**) suite à une maladie foudroyante du mari, qui est ici indiqué par la Maison 7, secteur du conjoint en Taureau vide de planètes pourtant. La fatalité est néanmoins ici très explicite, le Taureau renvoyant ses deux gouverneurs sur des localisations dangereuses : Vénus en Scorpion (**D**), signe de la mort et Lune en Vierge (**E**) signe de la maladie, certes, mais cette Lune est conjointe à Mercure (**F**), lui-même issu des Gémeaux qui occupent la Maison 8, secteur des transformations, des épreuves, des grands bouleversements.

Cela ne suffisait peut-être pas à pronostiquer une fatalité pour cette femme, mais les trois signatures en Cancer ont fait le reste, comme si le karma de cette femme avait lui-même choisi l'époux afin qu'il puisse perpétuer cette chaîne fatale. Cette femme, très magnétique et séduisante, fut par la suite très courtisée et convoitée (influx Cancer-Scorpion) mais elle vécut longtemps dans la douleur et le souvenir (influence des signes d'eau). Elle finit par se remarier avec un veuf – Jupiter en Cancer (**C**) et Vénus en Scorpion (**D**) – qui avait donc vécu un karma semblable, l'émancipation karmique projetant son choix vers cet homme qu'inconsciemment elle savait « délivré » lui aussi.

Ce deuxième époux est officier sur les sous-marins nucléaires, connotation issue du karma en Cancer, signe d'eau, secret, lent et prudent, Vénus en Scorpion (**D**) ainsi que Pluton-Mars gouverneurs de ce même Scorpion, signe de la mort et de la destruction, influençant le milieu professionnel nucléaire et militaire de ce conjoint. L'époux décédé exerçait dans le mareyage de poissons et travaillait beaucoup la nuit, connotation issue également de ce karma en Cancer, signe de l'océan, du ventre, du foyer, et de la famille.

Nous pouvons donc mieux comprendre ici comment le karma s'inscrit dans la vie quotidienne et dans nos choix instinctifs, quand même guidés par des intuitions venues de la nuit des temps...

■ Les karmas du Lion

Caractéristiques : les karmiques du Lion gravitent entre les centres du Moi et du Monde, amalgame de la projection du microcosme sur le macrocosme, c'est-à-dire de l'ego vers l'universel. Le but de ce karma est de faire rayonner et d'épanouir ses propres forces vers la multitude à travers l'amour, l'éclat, la réussite ou l'image fixe du bonheur, et de diffuser des intensités créatives avec équilibre, continuité et fécondité. C'est aussi le karma de l'Amour.

Évolution : généralement, la gestation karmique insuffle un constant besoin de rayonnement ou de supériorité pouvant se traduire par des prouesses physiques ou mentales diverses, un ascendant sur autrui par le don de soi, la générosité, la prodigalité, la puissance de jugement ou l'établissement de frontières vitales précises, c'est-à-dire de limites à ne pas dépasser pour entretenir une sorte de protectionnisme souvent farouche et tenace sur les autres. L'ego puissant, se diffusant par le biais du Bien et de l'Amour, devient sourd et aveugle : autocritique difficile, orgueil non malléable, comparaisons impossibles et fixations intenses devenant le centre de la cible. Il est possible alors que ce karma se libère par une sublimation de soi en devenant très créatif et constructif, sinon le centre de l'ego s'amplifie parfois jusqu'à complète rupture avec l'extérieur et avec la réalité, projetant rapidement le natif sur des points d'ancrages illusoires, excentriques, excessifs ou totalitaires.

Effets : à un premier degré, les effets karmiques peuvent varier, allant du culte du corps, de la beauté, de la célébrité, en passant par un égocentrisme inconscient, jusqu'à la peur panique du banal et du médiocre donnant lieu à une image de soi prioritaire, voire survalorisée. Le refus d'être ordinaire ou noyé dans la masse humaine entraîne le natif dans une surcompensation à travers des excès matériels (dépenses inconsidérées, prodigalité financière), des excès physiques (culte de l'apparence, par exemple), ou des excès affectifs (protectionnisme étouffant, jalousie pesante ou désir de possession absolue à travers les proches, l'être aimé et surtout la progéniture). Au degré plus élevé, la gestation karmique déborde sur un totalitarisme affectif ou familial pouvant devenir tyrannique en imposant une supériorité par l'autorité, la colère, l'intolérance, la vantardise ou un impérialisme total sur l'environnement, sorte d'esprit convaincu de privilèges lui étant dus. Les effets purement pathologiques de ce karma touchent le système cardiaque et le plus souvent le dos (douleurs lombaires, musculaires, mal de dos continuel), ainsi que le système oculaire mais de façon temporaire ou cyclique.

Vies antérieures : ces karmas proviennent d'anciens privilèges obtenus ou légués par un ascendant ayant joui de charges, de prérogatives, de droits ou de titres divers le situant au-dessus de la plèbe ou des masses populaires. Ils peuvent provenir d'un aïeul issu plus ou moins de la noblesse, d'une classe sociale supérieure ou d'une aristocratie quelconque ayant mis en place une idée de caste ou de supériorité dans l'échelle sociale d'alors. La vie antérieure peut aussi être liée à une famille brillante ayant joué un rôle d'envergure dans une histoire locale ou régionale, voire à un ancêtre protecteur d'une cause, d'une éthique, d'un savoir-vivre ou savoir-faire. Ce relais karmique peut aussi être issu d'un grand amour, d'une grande passion sentimentale d'autrefois ou d'une alliance de familles puissantes ou nobles. Pour ce qui concerne l'origine de ce karma, il faut retenir son aspect grandiose, éclatant ou teinté de privilèges poussant ainsi son propriétaire vers des instincts prioritaires hors du commun des mortels.

**Carte du ciel 5 :
la dame de Clisson**

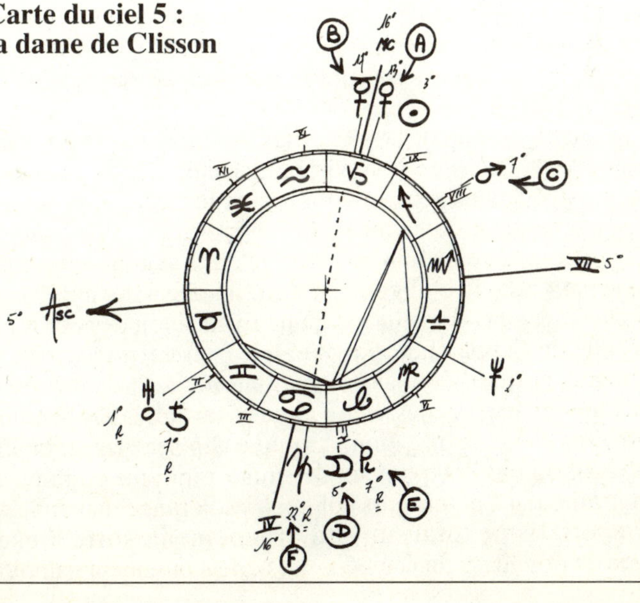

Commentaires de la carte 5

Cette femme jouit d'une grande notoriété, dans la ville où elle réside, grâce à son charisme et à son extraordinaire générosité. C'est une native du Capricorne et son ascendant se fixe en Taureau, englobant une petite partie des Gémeaux, lui octroyant trois signatures planétaires : elle est Vénusienne du Capricorne et Lunaire du Lion par les gouverneurs de son ascendant Taureau, ainsi que Mercurienne du Capricorne par la petite partie des Gémeaux incluse dans cet ascendant.

Vénus (**A**) et Mercure (**B**), angulaires de part et d'autre du Milieu du Ciel en Capricorne, soulignent une enfance éloignée de l'affection du père, militaire de haut rang et d'ascendance noble (Mars en Sagittaire) (**C**) disparu très précocement de sa vie (Mars en Maison 8), enfance passée dans le domaine d'un château bombardé durant la dernière guerre autour du grand-père régisseur et jardinier (influence de deux signatures planétaires dans le signe du Capricorne). Elle se maria par raison à un homme fortuné de qui elle n'eut pas d'enfant et divorça plus tard de son propre gré.

Malgré les deux dominantes en Capricorne, signe de la réserve et de l'isolement, cette femme est extrêmement communicative et d'une générosité sans limite : ce n'est sûrement pas à cause de la configuration zodiacale traditionnelle Capricorne ascendant Taureau – qui donnerait une tendance à devenir femme d'affaires et à accroître les biens matériels, selon l'astrologie vulgarisée –, mais essentiellement à cause de sa troisième signature planétaire, qui ici est capitale et colore pratiquement sa vie entière. C'est en effet une Lunaire du Lion (**D**) par ascendant Taureau : apparence physique et vestimentaire théâtrale (Lion), esprit très chevaleresque en accord complet avec le passé (Lune trigone à Mars [**C**] en signes de feu), instincts humains passionnels et don de soi total (Lune à la conjonction de Pluton) (**E**), amour du beau, du vrai, inspirations poétiques et littéraires puissantes (Lune en Lion en Maison 5, secteur des créations, de l'art, de la culture, entre autres). Elle illumine les autres par sa bonté, sa force de raisonnement, son magnétisme et sa pureté, tout en cultivant des dons divinatoires éblouissants (Lune en Lion conjointe à Pluton en Maison 5). Elle fascine par son savoir et son pouvoir de reconstruction psychologique, tout en restant à l'écoute des autres avec une philanthropie à toute épreuve. C'est une apôtre du Bien, une sorte d'archange de l'amour qui n'a jamais dévié de son chemin et de ses idéaux.

Cette signature lunaire, la plus forte des trois, lui confère malheureusement l'héritage pathologique des signatures dans le signe du Lion : mal de dos en permanence et problèmes cardiaques réguliers. Elle n'a jamais eu d'enfants – deux signatures en Capricorne, signe peu stimulé par la famille, opposées à Jupiter en Cancer en Maison 4 (**F**), et surtout Lune en Lion (**D**), signe stérile, et conjointe à Pluton (**E**), fécondité, stérilité et destruction.

L'astrologue peut lui pronostiquer une dernière partie de la vie encore plus créative où sa notoriété ira grandissant, tout comme l'épanouissement de ses dons divinatoires (Lune conjointe à Pluton) grâce à ce karma du Lion qui a pu se développer malgré des crises sentimentales très cruelles.

■ Les karmas de la Vierge

Caractéristiques : les karmiques de la Vierge habitent le centre de la Crainte et du Doute, où ils se confinent en groupant émotions et appréhensions issues de legs karmiques émanant d'une insuffisance, d'un joug, d'une frustration, d'une famine, d'une carence, etc. Le but de ce karma est de sublimer la peur et de rendre le doute conscient et constructif par une quête de la confiance.

Évolution : en gestation, ce karma implique un climat d'insécurité permanent où le natif sera esclave de ses propres doutes et des craintes qu'il alimente lui-même par des analyses embryonnaires ou par un microcosme généralement saturé. La peur de l'avenir ou du lendemain instaure un besoin de prévoir, de gérer continuellement les acquis du présent, de s'enfoncer dans la minutie ou la précision par rejet de l'approximatif ou de l'opportunisme, obligeant le natif à recréer inconsciemment des barrières pour contrer l'épidémie et la famine. Cette sensation de famine latente amène très souvent le natif sur un climat de sobriété générale imposée, d'où un amaigrissement volontaire qui se traduit dans le quotidien par un émincement des possibilités, une famine morale, une étroitesse pesante, une impossibilité de s'exporter moralement, une petitesse de caractère ou une dévalorisation de soi. À un degré supérieur, ce karma va créer des fossés énormes entre le natif et les autres, fossés dont il n'aura généralement pas conscience : confiance en soi ou en autrui devenant impossible, immobilisme total ou mise en place de barrières trop rigides ou cartésiennes, besoin de conclure puis de déconclure, inconstance ou imprévisibilité de l'attitude, surcompensation de l'amaigrissement par une saturation de travail ou d'occupations, détachement émotionnel pour mieux se protéger, solitude et abnégation, et peur viscérale d'être condamné.

Effets : les effets les plus courants de ce karma sont généralement simples et consistent à entretenir une force d'immaculation personnelle : besoin de laver, d'aseptiser, de recycler, de classer, de prévoir et de structurer sous le poids du banal, de la routine ou de la conformité engendrant inconsciemment un individualisme tenace, un égoïsme bien ancré ou un sens du secret profond. À un niveau karmique plus puissant, le natif entre dans une paranoïa latente pouvant être handicapante ou littéralement destructrice, ne serait-ce que par la phobie de la prévision, la présence permanente de la peur ou du danger, et l'absence totale de confiance dans son environnement. Les craintes, les doutes et les phobies deviennent alors trop pesants et harcèlent le natif, le poussant vers des thérapies aseptisantes comme la consommation de médicaments, ou dans une décharge sur autrui de ses propres tensions : les doutes deviennent alors vraisemblables et on projette sur les autres la cause de ses propres maux, ce qui va permettre une délivrance salutaire mais instaurer une paranoïa qui sera aussi puissante que le transfert dégagé. À ce stade, ces karmas sont très intenses et ne peuvent s'émanciper que par une autre voie que la raison qui fera, elle, cruellement défaut : dépression nerveuse, maladie, amaigrissement physique, anorexie ou au contraire boulimie, surcharge pondérale, etc. Les pathologies de ce karma touchent le système intestinal et épidermique mais le psychosomatisme reste aussi extrêmement puissant, n'engendrant que des effets épidermiques – le plus souvent –, ainsi qu'un stress tenace, un sommeil perturbé ou une récupération difficile.

Vies antérieures : ces karmas proviennent de la souffrance ou de la privation. Ils sont étroitement liés à une famine qui a pu être alimentaire ou morale sous un joug quelconque (climatique, politique, épidémique, militaire, etc.). Un ancêtre karmique a pu vivre aussi dans la pauvreté ou la servitude, car ce legs est souvent issu d'un aïeul subalterne contraint de vivre dans une précarité alimentaire et physique. Une vie antérieure peut être aussi liée au monde du travail artisanal, au monde ouvrier ou à un monde spécialisé qui pourrait s'apparenter au compagnonnage ou à une fidélité de caste dans un savoir-faire précis. Ces karmas peuvent être issus également d'aïeuls liés au monde médical (apothicaires, guérisseurs, magnétiseurs, sorciers), monde que l'on devrait retrouver dans ce cas plus ou moins dans le parcours social du natif. Ils marquent aussi une carence familiale quelque part dans le temps, carence pouvant se comprendre par une absence de famille ou d'enfants, à moins que ce ne soit par célibat, veuvage ou deuils familiaux.

Carte du ciel 6 : un météorologiste

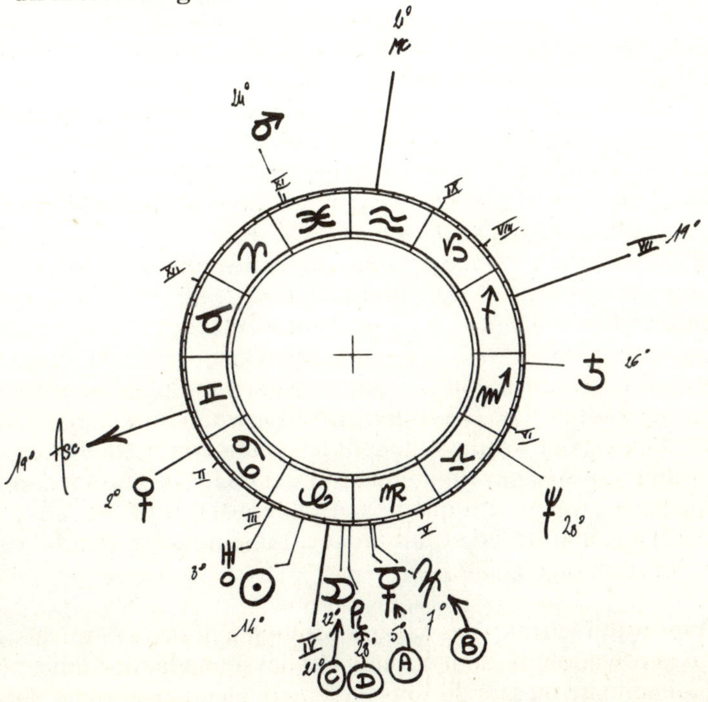

Commentaires de la carte 6

Puisque tout karma en Vierge force à prévoir dans tous les sens du terme, voici celui d'un météorologiste qui doit ignorer l'essence même de ce choix professionnel, car derrière la vocation se cache la peur de ne pas savoir ou d'être pris au dépourvu. Nous pouvons donc constater que la manifestation karmique peut se situer à tous les degrés de l'échelle sociale et sous des formes variées, le métier n'étant qu'une thérapie inconsciente.

Cet homme est un natif du Lion sous ascendant Gémeaux, configuration qui devrait lui donner un potentiel créatif voire artistique si l'on se réfère à l'astrologie zodiacale, c'est-à-dire combinaison signe solaire-signe ascendant, ce qui est loin d'être le cas. C'est un Mercurien de la Vierge (**A**) par son ascendant Gémeaux, signature planétaire lui octroyant un esprit cartésien et un pouvoir de concentration mentale élevé, ainsi que des dons manuels. Il a pu mener à bien de longues études d'ingénieur (Mercure en Vierge [**A**] en conjonction avec Jupiter [**B**] en Vierge également). Pourquoi a-t-il choisi le monde de la météorologie ? L'astrologue, à ce stade, sait qu'il a affaire à une personne ambitieuse motivée par une soif d'apprendre, surtout dans un domaine rationnel ou scientifique – principalement à cause de la présence de deux signatures planétaires en Vierge –, mais qui ne sait pas vraiment vers quelle spécialité se diriger. Si la météo est un outil de prévision des conditions climatiques et des forces dc la nature allant bien dans un sens karmique de la Vierge, son environnement met l'accent sur une mise en avant du personnage, un rôle représentatif un peu médiatique puisque cet homme lit des bulletins à la radio ou à la télévision. Il est Lunaire du Lion (**C**) par une partie du Cancer mordu par son ascendant, signature influençant un sens du spectacle et de la représentation par sa propre présence et son savoir comme nous l'avons vu dans l'exemple précédent, Lune conjointe à Pluton (**D**), aspect poussant bien souvent à l'extrême dans un sens positif ou négatif.

Sur le plan santé, nous retrouvons les pathologies classiques Lion-Vierge : mal de dos provenant d'une hernie discale, et transit intestinal irrégulier favorisant des fluctuations de poids. Puisque les trois éléments (Mercure-Jupiter-Lune) constituant les signatures planétaires de cet homme se trouvent toutes en Maison 4, secteur de la famille, du foyer, du patrimoine, entre autres, y a-t-il un rapport entre cette localisation astrale et sa vie ?

Oui… indirectement. Car il est passionné (Lune en Lion) par les horloges et carillons anciens qu'il restaure avec patience (Mercure en Vierge) chez lui. Ces objets ont donc une valeur familiale, car faisant partie intégrante de la vie des foyers d'antan, ils lui permettent d'assouvir également un appel du passé, une sorte de retour aux sources ou de contact avec certaines valeurs, comme beaucoup de Lunaires du Lion. Cette localisation planétaire marque aussi son épouse (Lune), enseignante dans le primaire (influence du Lion, signe des enfants). Voici comment nous pouvons constater l'analogie qui se fait sentir avec évidence entre des identités planétaires ou karmiques et des choix vitaux que l'on pensait issus d'un total libre arbitre.

■ Les karmas de la Balance

Caractéristiques : les karmiques de la Balance gravitent dans le centre des Autres, où ils se sont projetés par l'impossibilité inconsciente de ne vivre que pour eux-mêmes ou de s'identifier en tant qu'individu « unitaire », c'est-à-dire d'exister par leur propre prise en charge humaine. Le but de ce karma est de joindre l'Harmonie essentiellement, à travers l'extérieur ou à l'aide de celui-ci.

Évolution : le karma pousse le natif vers un engagement sur autrui avec des outils pouvant être très variés, tels que l'amour, l'amitié, la spiritualité, le désir de plaire, le sens du service, l'altruisme, etc., la motivation essentielle étant de créer un lien et de pouvoir être aimé pour entretenir son équilibre personnel. La nourriture karmique se situant à l'extérieur incite le natif vers des engagements comme exister dans une union, une complicité, une passion, une vocation, avec cette continuelle recherche du double, du jumeau ou de la face cachée de sa personnalité ne pouvant se révéler qu'avec autrui. À ce stade, le karma reste positif et s'épanouit progressivement avec expérience, surtout sur le plan humain et relationnel. À un degré karmique supérieur, le natif rencontre des difficultés en devenant littéralement le centre des réactions des autres, véritable caisse de résonance extérieure qu'il aura à prendre en charge, complètement dépendant d'autrui à travers un climat émotionnel, une situation ou un rapport de force. Il devient alors vulnérable aux fluctuations extérieures auxquelles s'accouplera son jugement entier sans possibilité de libre arbitre ni de prise de recul, ce jugement devenant inapplicable à soi-même et favorisant ainsi une auto-indulgence illusoire et aux revers cruels. Le natif prend alors une orbite existentielle tributaire d'autrui.

Effets : ce type de karma n'étant pas généralement intense ni « méchant », tout comme ceux du Sagittaire et du Verseau, les effets se bornent surtout à la vie affective et relationnelle. Au premier stade, communication à outrance ou totalement inexistante, besoin de devenir indispensable ou trop disponible pour l'extérieur, de tisser puis de défaire des liens ou de ne rechercher coûte que coûte son équilibre et son épanouissement qu'à travers les autres par un environnement relationnel ou affectif large et fécond, mais acceptant toutes les couches humaines et psychologiques. À un stade avancé, naïveté et esprit influençable entrent en jeu, causant ainsi de graves accidents sentimentaux ou des chutes émotionnelles aussi intenses qu'imprévues. C'est le karma de l'alliance et de l'union qui permet de grandes réalisations quand il devient positif mais qui favorise les ruptures, les divorces et les chagrins dans le cas contraire. Sur un plan physique, il joue sur le système rénal ou éliminatoire ainsi que sur la circulation du sang. Il ne semble pas causer de grands dégâts psychologiques grâce à sa versatilité et à son pouvoir de dilution sous d'autres formes karmiques.

Vies antérieures : cette chaîne karmique peut provenir d'un aïeul ayant eu fonction d'autorité de par son jugement et son équité : auxiliaire de la justice, juge, charge d'État ou ministérielle, profession du droit, etc., ou ayant eu des responsabilités importantes dans un métier d'arbitrage quelconque. Il peut s'agir également d'une vie antérieure ayant un rapport avec un métier de négoce à grande échelle ou bien de pacificateurs, d'ambassadeurs du progrès, du bien ou de la santé. Si le karma est trop négatif, il peut être issu d'une vie antérieure échelonnée d'unions multiples ou de procès fréquents, à moins qu'il ne s'agisse d'un aïeul plus ou moins lointain s'étant mis hors la loi ou dans un climat anticonformiste vis-à-vis de l'époque vécue. En général, ce karma met surtout en évidence des alliances qui se sont plus ou moins bien passées.

Carte du ciel 7 :
un homme qui s'est marié trois fois

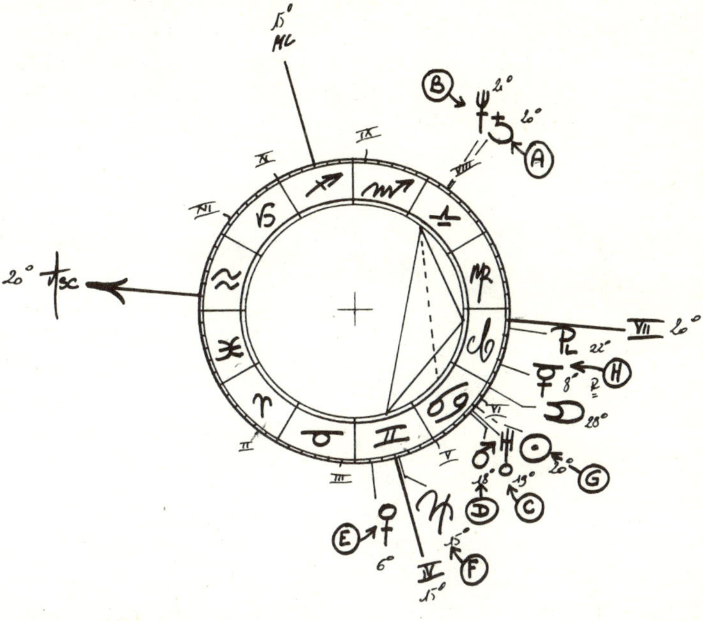

Commentaires de la carte 7

L'ascendant de cet homme englobe trois signes – Verseau, Poissons et Bélier –, ce qui lui confère plusieurs signatures planétaires confinées dans trois autres signes différents : Gémeaux, Cancer et Balance. Ce natif est tout d'abord un Saturnien de la Balance (**A**) par le Verseau, premier signe de l'ascendant, et un Neptunien de la Balance (**B**) par les Poissons, deuxième signe de sa grande Maison 1 : le karma était voué à s'épanouir assez tard de par ces planètes lourdes situées dans ce signe très mature qu'est la Balance, et également en Maison 8, secteur des crises, des bouleversements et des métamorphoses, ce qui n'est déjà pas tellement indiqué pour les unions quoique cela reste très insuffisant pour en déceler trois…

Alors, pourquoi et comment y a-t-il eu trois mariages ? Par

une certaine fatalité, dirais-je, cette fatalité étant bien nichée dans la suite du potentiel planétaire de cet homme : il est Uranien du Cancer (**C**) toujours par le Verseau, signature favorisant les bouleversements, deuils et crises familiales, Uranus (**C**) étant placé conjointement à Mars (**D**) en chute et particulièrement dangereux en Cancer, signe de la famille. Il est aussi Vénusien (**E**) et Jupitérien (**F**) des Gémeaux par le signe des Poissons avalé par ce grand ascendant, signatures favorisant une multiplicité (Gémeaux), des contrats et des légalisations (Vénus et Jupiter) et plusieurs foyers, ces deux planètes étant situées en Maison 4, secteur de la vie de famille et du domicile, entre autres. Le Bélier, dernière partie de l'ascendant, consolide ses deux gouverneurs dans le Cancer, Mars (**D**) et le Soleil (**G**) encadrant très étroitement Uranus (**C**) : éclatement douloureux des passions (Mars et Soleil) dans un climat impulsif (Uranus) laissant des séquelles morales longues à se résorber (Cancer).

L'astrologue peut néanmoins pronostiquer une union qui sera stable et heureuse dans l'âge de Jupiter et de Saturne, c'est-à-dire à partir de 45-50 ans, ne serait-ce que par le poids psychologique très puissant de ces deux planètes lourdes entrant dans les signatures de cet homme. Si cet ascendant avait été situé, par exemple, en Vierge, toutes ces prédispositions fatales auraient été considérablement amoindries et ne seraient restées que purement latentes, la Vierge indiquant Mercure en Lion (**H**) en tant que signature planétaire complètement différente des autres citées plus haut, ce qui prouve que naître le même jour n'implique pas le même destin, bien sûr.

Le karma fixé en Balance (**A** et **B**), centre des Autres, a influencé ce natif dans sa vocation, vocation liée au jugement, au guidage, au conseil (Balance) dans un contexte difficile ou compliqué (Maison 8), ayant un rapport avec une psychologie profonde et innée (Cancer), métier semblant s'exercer chez lui (Cancer et importance de la Maison 4) et mettant en jeu des personnes déstabilisées, malheureuses ou troublées (Uranus conjoint à Mars) à qui il parvient à redonner de l'éclat, du bonheur ou de la chaleur humaine (Soleil en Cancer impliqué dans les dominantes). Nous avons ici la carte du ciel d'un excellent psychothérapeute très apprécié et performant.

Les karmas du Scorpion

Caractéristiques : les karmiques du Scorpion gravitent dans le centre de la Force, ce qui leur attribue ainsi un pouvoir de construction ou de destruction allié aux cycles de la vie et de la mort, pouvoir s'apparentant à leur perception innée ou inconsciente de la maîtrise des cycles vitaux, c'est-à-dire des phases essentielles à leur équilibre et à leur évolution. Le but de ce karma est de soumettre l'intensité à son épanouissement en se dégageant de la colère.

Évolution : la présence karmique impose au natif un poids psychologique pourvu de tensions et d'impulsions allant dans un sens de dégagement face à une entrave morale générale ou à une peur invisible et non identifiable, ce qui l'entraîne vers une quête de la paix et de la sécurité à travers guerres et combats, ce karma incluant la violence sous toutes ses formes comme un outil d'évolution. La notion de la mort et de la renaissance, parfaitement bien gérée par le natif, lui permet d'accéder naturellement à des accointances extrêmes avec ces deux pôles vitaux, le projetant sur des positions ne pouvant être que radicales, la juste mesure n'étant perçue que comme une sorte de faiblesse. À un stade supérieur, la gestation karmique engendre une force ayant la révolte et la colère comme motifs centraux, entraînant le natif vers une rébellion continuelle contre la conformité, l'accessibilité au bonheur ou l'uniformité, et le dégageant des concepts approximatifs. L'enfermement et l'instinct de destruction prennent alors le relais pour recréer son propre deuil comme un refus de la naissance et de la vie en découlant, et retrouver le climat de l'enfer afin de mieux renaître et de se préserver d'un engagement plus facile et accessible qui n'entrerait pas dans le jeu du centre de la Force. À un degré supérieur, cette notion de mort et de destruction intervient en permanence, poussant le natif vers l'abnégation à outrance et vers un confinement moral axé sur des butoirs psychologiques situés à l'extrême du raisonnement.

Effets : dans le cas d'une émancipation karmique favorisée, l'individu va chevaucher ses puissantes possibilités d'investigation mentale et se diriger vers des actes ou des réalisations accessibles à son concept d'initié, c'est-à-dire avec des formes où l'intuition, la recherche, l'approfondissement ou la démystification seront prépondérants ou vers des actes flirtant constructivement avec ses notions innées de la mort, de la vie, de la souillure, de la reconstruction, du danger, de la répression ou du contrôle, de ce qui est caché, invisible, etc. Dans le cas d'une émancipation inachevée ou difficile, plusieurs stades de gestation peuvent alterner, projetant le natif au centre de l'univers qu'il se crée instinctivement et dont les effets sur le quotidien seront très variés : crises morales profondes, rejet du banal et des stéréotypes, identification de la cause de la colère sur autrui, rébellion permanente, critique destructive ou acerbe, insatisfactions maladives et instauration d'une citadelle autodéfensive puissante mais sourde et aveugle. La sexualité peut intervenir à tous les niveaux, sexualité pesante en permanence présente à l'esprit ou dispersée à outrance à travers abus, provocations, autoérotisme, etc. À un degré supérieur, la gestation engendre une véritable paranoïa, entretenant le natif dans la peur du non-retour qui utilisera alors la force pour atteindre ses extrêmes limites dirigées vers le bas par des excès impulsifs et violents lui permettant de rejoindre le miroir de sa propre destruction : à ce stade interviennent tous les abus possibles pouvant être mis à sa disposition pour recréer concrètement son propre meurtre, sa souffrance ou sa déchirure.

Vies antérieures : ces karmas sont généralement très anciens et proviennent souvent de liens étroits avec la mort et la destruction selon leur degré d'évolution : aïeux ayant vécu un cataclysme, un anéantissement ou ayant été pourchassés, enfermés ou massacrés. Un ancêtre a pu aussi être investi d'un pouvoir lui conférant un lien social avec la mort comme un droit de tuer, de juger, d'enfermer, ou un droit guerrier ou d'usurpation à travers des combats ou des engagements meurtriers, des répressions quelconques, etc. Une vie antérieure a pu être liée également au monde de la sorcellerie ou de l'occulte, voire au monde des guérisseurs, des magnétiseurs ou des radiesthésistes, un pouvoir caché ou un don se rattachant très souvent à ce karma.

Carte du ciel 8 : un fabricant de monuments funéraires

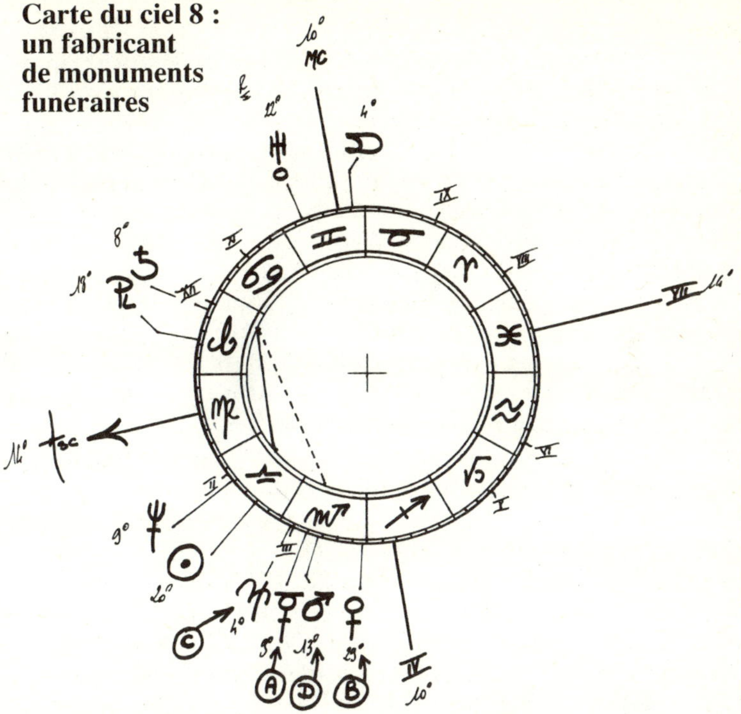

Commentaires de la carte 8

Ce natif de la Balance devrait être extraverti, communicatif et d'un esprit ouvert si l'on se réfère aux caractéristiques de ce signe dans l'astrologie vulgarisée : or, ce n'est pas le cas. Taciturne, renfermé et solitaire, esprit très porté sur l'investigation mentale, caractère relativement pessimiste et sens critique assez poussé : c'est un Mercurien du Scorpion (**A**) par son ascendant Vierge, signature difficile surtout durant l'adolescence car elle implique des remous moraux ou psychologiques à cet âge.

Son karma s'est donc fixé en Scorpion, signe de la mort et de la renaissance, karma constructif qui a poussé cet homme, également très doué pour la gravure, vers un métier où la mort n'est pas loin, où elle côtoie son quotidien sans idées particulièrement morbides, ce qui est karmique étant aux antipodes de la raison courante. Il sublime donc à travers ce métier un besoin d'être au service de la mort, de la destruction et de l'anéantissement dans un sens utile. C'est un Vénusien du Scorpion également (**B**), par une partie de la Balance incluse dans l'ascendant, ce qui consolide la puissance du Scorpion dans cette carte du ciel, Vénus ici influençant une tendance au secret, à la dissimulation, à une vie intérieure parallèle très importante : sans l'analyse de cette carte du ciel, nous n'aurions jamais su que cet homme ne laissait voir qu'une petite partie de sa personnalité, car la majeure partie de lui-même est confinée dans un karma profond animé de tensions morales extrêmement intenses. Mercure (**A**) en conjonction avec Jupiter (**C**) lui octroie un rôle officiel (Jupiter) dans ses prérogatives professionnelles, comme l'organisation des enterrements par exemple, Mercure en conjonction à Mars (**D**) ajoute la force de travail et le courage de cet homme, Mars étant ici extrêmement puissant puisqu'il est dans l'un de ses signes de prédilection, le Scorpion, et il influence Mercure, première signature de cet homme, dans un sens d'amplification à outrance : mort d'un frère sous ses yeux à l'adolescence (quatre planètes en Scorpion dont deux signatures dans la Maison 3, secteur des frères et sœurs, entre autres), gros ennuis de voisinage professionnel débouchant sur des procès longs et coûteux (toujours cet amas planétaire en Maison 3, secteur du voisinage aussi), santé souvent perturbée par des coliques inflammatoires et un dérèglement du système éliminatoire (Scorpion, signe du recyclage), des tendances aux ennuis prostatiques (Scorpion, signe de la mort, des déchets) ainsi qu'une morphologie musculaire très puissante et une forte pilosité (Scorpion).

Cet homme est très attiré par l'Afrique noire où il a fait de fréquents voyages, cette affinité géographique étant en rapport étroit avec son karma qui doit provenir d'un ancêtre ayant eu des pouvoirs occultes ou ayant été initié à la sorcellerie (dominantes en Scorpion). Voici donc comment on pourrait expliquer brièvement ce cordon ombilical karmique qui le relie à la vie quotidienne, et ses effets sur les plans pratique et psychologique.

■ Les karmas du Sagittaire

Caractéristiques : les karmiques du Sagittaire gravitent dans le centre des Doctrines et des Valeurs leur permettant d'accéder à un engagement perdu ou à une mission retransmise par des liens ancestraux. Le but de ce karma est de retrouver l'essence de cette mission sans quitter ni trahir l'éthique, et de pouvoir traduire le message karmique par un accomplissement social, spirituel ou professionnel assujetti à des doctrines et à des valeurs.

Évolution : en observant ces karmas en analyses, on s'aperçoit qu'il en existe deux types différenciés par l'intensité : l'un faible et l'autre fort. Dans le premier cas, le natif ressent le besoin de se retrancher derrière des dogmes, des valeurs ou des prérogatives socio-morales qu'il se crée, en reconstruisant un monde cloisonné dans des interdits, des limites ou des règlements imaginaires, et en se propulsant ainsi comme un arbitre répressif ou un agent préventif de tout abus excédant ses diverses frontières. L'identité de l'individu s'apparente alors au rôle du guide, et confine ses efforts à diviser le Bien et le Mal en structurant ses avis selon des critères légaux ou illégaux, convenables ou inconvenables, conformes ou non, et en modelant sa vie en fonction de ces bases, qui le séparent peu à peu des réalités humaines et surtout pratiques. L'ascendant sur autrui s'implique en tranchant, répartissant, triant et conseillant sans possibilité d'assouplissement intellectuel, le natif endossant malgré lui les apparats de Jupiter. Dans le deuxième cas, qui peut être aussi interprété comme une transition venant du premier, l'individu endosse avec beaucoup plus de sérieux sa mission et sa vocation d'intermédiaire des dieux, et tente de devenir le missionnaire du passé et de la tradition en s'emparant d'outils divers (matériels, moraux, intellectuels ou spirituels) afin de s'investir d'un pouvoir plus ou moins grand exercé sur les autres, sa détermination étant à la hauteur de ses convictions. Le natif s'éloigne de la réalité sans possibilité de retour ni de repères, son univers devenant la charpente de son identité tout entière avec ses lois, ses buts et ses idéaux fortement ancrés.

Effets : dans le premier cas, il est surtout question d'une disparité avec le quotidien qui se traduit comme une sorte de climat utopique, de la naïveté ou une absence de repères rationnels projetant le natif dans un monde qui n'appartient qu'à lui mais en y incluant obligatoirement les autres. Il devient imbu de lui-même en s'enfonçant dans un manque de souplesse, dans une intolérance pesante ou dans des incohérences diverses avec impossibilité de pouvoir assimiler les avis d'autrui ou les fluctuations humaines extérieures. Il s'emploie donc aussi à recréer une force légale ou officielle, un savoir ou une vérité émanant de concepts pouvant être liés à l'éducation, à l'image du père ou à une rigueur quelconque, concepts étroits souvent acquis par une usurpation pure et simple : le natif va s'octroyer des droits de jugement, de prévention ou de répression, se considérant comme l'héritier naturel de charges qui le dépassent et dont il va faire son cheval de bataille. Il s'apparente donc au guide d'une éthique qu'il est le seul à pouvoir distiller sur autrui. Dans le deuxième cas, le natif quitte toute réalité pour endosser littéralement un rôle de privilégié vis-à-vis de la masse humaine, rôle de guide ou d'intermédiaire entre la conscience terrestre et la conscience cosmique, c'est-à-dire de vérités ou de savoirs venant d'ailleurs : beaucoup de gourous, de charlatans ou de manipulateurs de l'esprit présentent cette forme karmique. L'aspect visionnaire du personnage prend alors le dessus avec des forces de conviction, de détermination et de prosélytisme constituant une locomotive puissante derrière laquelle il va s'accrocher avec ténacité : décalage passé-présent non perçu, folie douce, concentration égocentrique d'un don, d'un pouvoir, d'une pensée, d'un savoir, rationnels ou non. Le natif se croit investi d'une mission qu'il acquittera avec une fidélité chevaleresque comme un devoir inébranlable. Bien heureusement, il peut s'agir aussi d'un karma plus positif et dans ce cas, cette mission peut devenir constructive et même dépasser la localisation géographique et sociale de l'intéressé.

Vies antérieures : ces karmas sont issus généralement d'ancêtres ayant eu une importance sociale à l'instar de la masse qu'ils guidaient et contrôlaient : aïeuls pourvus de rôles militaires importants, de charges préventives ou répressives, de pouvoirs de jugement et d'applications légales diverses. Ces karmas peuvent aussi provenir d'ascendants ayant eu des contacts avec des pays lointains avec une possibilité de descendance, c'est-à-dire qu'un aïeul a pu être étranger ou de souche étrangère. Un ancêtre peut aussi avoir été un initié quelconque, avoir fait partie d'une chevalerie, d'un ordre, d'une sorte de congrégation respectée ou même crainte. Il faut retenir de ces vies antérieures un pouvoir retransmis à l'individu hors du contexte occulte ou illégal mais plutôt officiel, émanation du rôle initial de Jupiter.

Carte du ciel 9 : un juge aux affaires familiales

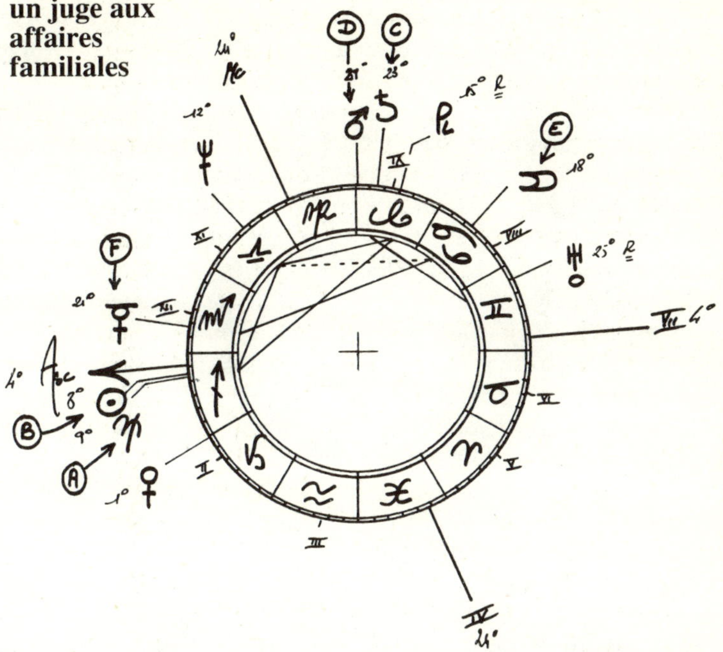

Commentaires de la carte 9

Un karma du Sagittaire est toujours un message émanant d'un pouvoir venu d'un ancêtre qui va perpétuer une caste à travers des applications sociales, professionnelles ou morales diverses. Cette femme a su maîtriser totalement cette forte poussée karmique depuis son adolescence en y jetant les bases de sa future vocation : Sagittaire ascendant Sagittaire, ce qui aurait pu donner des vocations très diverses allant de l'enseignement au tourisme, mais c'est une Jupitérienne du Sagittaire (**A**), signature privilégiant des motivations sociales d'envergure, Jupiter (**A**) se trouvant en position privilégiée sous l'ascendant en conjonction au Soleil (**B**) : aspect physique très jupitérien, ce qui veut dire petite taille, embonpoint moyen, nez aquilin, regard perçant mais doux, chevelure cuivrée (proximité du Soleil) coupée en forme de casque (Sagittaire).

L'ascendant mordant une partie du Capricorne projette les deux gouverneurs de ce dernier signe en Lion, signe des enfants entre autres : c'est une Saturnienne du Lion (**C**) et une Martienne du Lion (**D**), ce dernier élément étant plus faible car situé en bout de signe, c'est-à-dire à 29°, ce qui annihile quelque peu toutes les significations qu'il devrait porter. Ces deux dernières signatures planétaires sont situées en Maison 9, secteur de la pensée supérieure, de la justice et des idéaux, prédisposant la native au rôle de guide par la maîtrise de la légalité, de la loi et des règlements sous l'égide de l'amour (Soleil [**B**] conjoint à la première dominante en Sagittaire).

Sa prédilection pour les affaires familiales émane de la Lune en Cancer (**E**), sens familial profond, gros besoin de sécurité affective mais forte impression d'isolement instaurant une peur d'être abandonné, la Lune étant ici située en Maison 8, secteur des transformations et des bouleversements, ce qui lui a valu également plusieurs fausses couches ainsi que la perte d'une fille en bas âge (Lune en Cancer en Maison 8 au trigone de Mercure en Scorpion [**F**] situé en Maison 12, secteur des maladies et des épreuves entre autres).

Extrême sensibilité cachée (Lune en signe d'eau en secteur 8), sens inné de la famille et besoin de recréer des formes et des statuts originels ou de baliser des valeurs essentielles à son équilibre avec des outils légaux et un pouvoir de jugement (Jupiter en Sagittaire en conjonction au Soleil dans le même signe [**A**] et [**B**]).

Cette femme est férue de voyages (dominantes en Sagittaire et en Maison 9, secteur de l'évasion), surtout de ceux privilégiant les grands espaces, la nature et les immensités vierges, son subconscient la guidant vers ce qui n'est pas confiné ni enfermé, comme une claustrophobie latente (sens de la Lune en Cancer axée sur Mercure en Scorpion [**E** et **F**] dans deux secteurs occultes, Maisons 8 et 12) lui affligeant de temps en temps des sensations d'étouffement et des bouffées de chaleur la menant vite à la panique (sens de ces Maisons occultes).

Ce karma émancipé est issu de la lignée génétique de son père, comme souvent dans le Sagittaire, père officier supérieur dans la Légion étrangère (Soleil conjoint à Jupiter, l'éclat et le guide, en Sagittaire et deux signatures en Lion en Maison 9, l'étranger ou les pays lointains).

Les karmas du Capricorne

Caractéristiques : les karmiques du Capricorne s'harmonisent dans le centre de l'Essentiel après un long cheminement visant l'épuration nécessaire à un besoin d'élévation, purgatoire moral accrédité par le temps qui devient l'allié de cette émancipation karmique. Le but de ce karma est d'atteindre sa vraie forme de devoir et de responsabilité après cette recherche de l'essentiel.

Évolution : cette forme karmique est généralement retardée jusqu'à la maturité, c'est-à-dire qu'elle ne se concrétise pas souvent avant l'âge mûr, ne serait-ce qu'à cause de l'accord du temps, véritable locomotive puissante et lente qui chemine vers son illumination. Tout d'abord, l'individu se sent en affinité avec une sobriété générale qui se répercute dans son monde affectif, relationnel et matériel en l'isolant de plus en plus du désir et de l'envie. Un besoin de se sacrifier à une cause, à une éthique ou à des buts variés mais très ciblés intervient progressivement, grandissant au fur et à mesure de ce lent processus. La peur de se corrompre avec la superficialité et l'inutile, d'être en marge de ses buts, de l'excès et du gaspillage cimentent peu à peu la citadelle morale qui sera le fer de lance vers l'élévation, le natif rejetant inconsciemment l'influence de l'affectivité ou de la matrice familiale souvent comme l'aveu d'une certaine faiblesse morale ou comme une dilution de ses forces de concentration. La gestion de l'espace-temps est favorisée par une perception nette et bien dosée des efforts à consentir pour aboutir au degré voulu, le temps n'étant plus ennemi mais allié comme une accointance avec ce qui est parvenu, ancien, élevé, grandi, vainqueur ou libéré, l'idée de la chance et de l'opportunité étant loin des croyances du natif. À un stade supérieur, ce sacrifice consommé et consenti annihile la douleur de l'effort car le natif entre en ascèse totale avec sa force d'élévation et ne devient plus qu'un tout qui l'éloigne de la chaleur et du monde quotidien, son seul besoin étant de perpétuer l'effort vers les buts qui, lorsqu'ils sont atteints, reculent vers d'autres frontières afin de privilégier de nouveau le sacrifice vers le haut, vers la puissance et la responsabilité : le natif devient alors condamné à réussir.

Effets : les effets karmiques sont beaucoup plus courants durant l'enfance et l'adolescence car ce sont les premiers symptômes manifestes de quelque chose d'invisible, ce karma n'évoluant qu'à la maturité. Sur la santé et le physique, ces manifestations sont souvent articulaires et épidermiques, avec des problèmes divers à ce niveau, le plan osseux intervenant plus tard. Il y a donc un rapport avec l'élévation et le physique : grande taille ou tendance à la maigreur ou aux raideurs des membres, ou encore aux problèmes de peau ou aux carences alimentaires, etc. Tout ce qui correspond à une ascèse en sommeil va s'incruster dans l'apparence physique et les pathologies, sans pour cela que l'on puisse parler véritablement de problèmes de santé. Psychologiquement, la gestation de ce karma pousse vers l'isolement, une communication à problèmes, voire un égocentrisme difficilement négociable, un climat de négativisme entourant le natif malgré lui. Surviennent ensuite souvent des doutes et des hésitations quant à la vocation ou à la signature sociale. L'espace-temps étant ressenti comme une épreuve bien structurée et schématisée, l'individu vit un réalisme à outrance, sans fioritures ni assouplissement éventuel du destin. Dans des cas plus rares, le karmique entre littéralement en analogie avec ses buts et ses efforts ; sa vie quotidienne, voire physique, se met à ressembler aux dispositions de son esprit : sobriété maladive, enfermement moral, peur de perdre ou de gâcher, réalisme désuet et cruel, autoritarisme ou tyrannie, remises en question impossibles, aveuglement de la raison, etc.

Vies antérieures : ces karmas proviennent de liens avec des ancêtres ayant eu une ascension sociale lente ou qui, partis de la base et parvenus à un statut à force d'épreuves et de rudes efforts, n'ont pas pu prétendre à un privilège, à la chance ou aux appuis divers. C'est un karma de désuétude guidé par une vie antérieure où un aïeul a su se hisser à un niveau élevé par une simple volonté et qui retransmet cette possibilité à l'individu en question, non comme un don mais comme une expérience qui pourrait lui réussir, sorte d'initiation peu accessible malgré tout. Un ancêtre a pu aussi faire partie des rouages administratifs ou électifs dans un temps reculé, ou avoir eu un rôle important dans un travail où la maîtrise était capitale (comme l'artisanat ou un métier manuel demandant de l'expérience). Une vie antérieure a pu être liée également au monde du négoce, du commerce d'État, de la diffusion à grande échelle, à moins qu'un ancêtre n'ait bâti un empire professionnel ou social à un degré plus ou moins important. Globalement, ce lien karmique est un message voulant dire qu'un ancêtre est sorti de la masse populaire ou prolétarienne grâce à sa volonté, son intelligence et son acharnement.

Carte du ciel 10 : une directrice d'école primaire

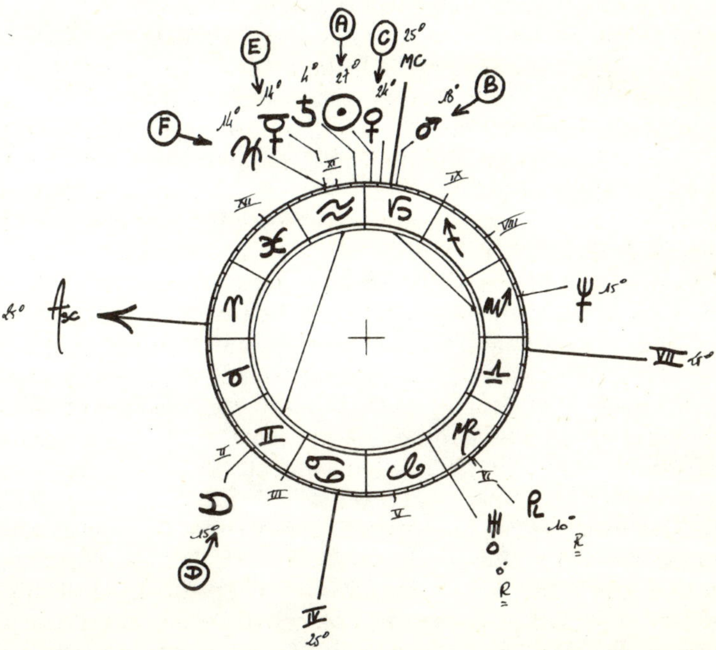

Commentaires de la carte 10

Le karmique du Capricorne est toujours prisonnier d'une élévation ou d'une ascèse à accomplir à quelque niveau que ce soit, comme nous allons le voir, ce qui ne veut pas dire qu'il doit toujours souffrir et porter sa croix…

Cette femme est native du Capricorne avec ascendant Bélier et Taureau : c'est une Solaire du Capricorne (**A**) par ascendant

Bélier, ce qui consolide son signe traditionnel de naissance, et une Martienne du Capricorne (**B**) également par le même ascendant, signatures mettant en relief le Capricorne et la Maison 10, secteur de la vocation et des grandes initiatives, entre autres : sens des responsabilités, du devoir et de l'organisation vers une élévation qui sera plus sociale pour elle (Maison 10), et intellectuelle pour les enfants dont elle a la charge. D'autant plus qu'une troisième signature vient conforter ce signe et cette Maison de prédilection, car elle est Vénusienne du Capricorne par ascendant Taureau (**C**).

Si ce dernier signe favorise un karma à émanciper vers le haut, pourquoi par l'enseignement ? Pourquoi cet outil ? La suite des autres signatures nous montre une Lunaire des Gémeaux (**D**) par le Taureau inclus dans l'ascendant : cet effet lunaire nous montre des enfants (Lune) ou des adolescents (Gémeaux) dans un contexte d'études (Gémeaux), ainsi que la petite partie de ce signe mordue par l'ascendant impliquant sa dernière signature planétaire, Mercurienne du Verseau (**E**) influençant des jeunes vers le progrès (Mercure en Verseau) dans un sens officiel, représentatif et légal, cette dernière dominante étant conjointe à Jupiter (**F**) en Verseau.

Cette élévation aurait pu se faire dans bien d'autres domaines mais « les outils » se trouvent ici dans deux signes d'air, Gémeaux et Verseau, privilégiant surtout l'esprit et la communication la délivrant du poids karmique suscité par la puissance du Capricorne sur sa nativité.

Ce poids karmique ne la laisse pas de tout repos, favorisant malgré elle l'ascèse jusque dans ses fonctions organiques puisqu'elle souffre de rétention rénale et de coliques néphrétiques assez souvent, ce qui l'oblige à une politique alimentaire stricte comme si ce karma la poussait « à l'intérieur » à poursuivre un jeûne et une sobriété.

Cette élévation sociale accomplie, elle se tourne maintenant vers les sciences humaines avec un goût prononcé pour l'astrologie (influence du Verseau), et elle a entamé la rédaction de plusieurs ouvrages (influence des Gémeaux) traitant de la psychologie de l'enfant dans les études. Ces deux derniers signes d'air lui donnent une envie de bouger, de faire du sport et de vivre au grand air : elle est férue d'alpinisme mais aussi de ski (dominantes en Capricorne, signe de l'élévation et par analogie à ce qui est élevé comme la montagne).

Ce karma semble issu de la lignée du père (signature solaire) et d'un ancêtre qui semblait beaucoup voyager (signatures en Gémeaux et Verseau), bien qu'elle ne sache pas, hélas, de qui il peut s'agir. Voici donc comment la délivrance du karma de cette femme très sympathique a pu se réaliser.

■ Les karmas du Verseau

Caractéristiques : les karmiques du Verseau ne peuvent s'équilibrer que vers le centre de l'Affranchissement à travers l'évasion et le progrès. Le but de ce karma est de se délivrer de l'identité initiale héréditaire pour atteindre l'universel, et de détruire toute image pouvant impliquer la fatalité d'être sous le poids d'un destin, d'une hérédité, d'un conformisme, d'une uniformité.

Évolution : ces karmas signalent généralement l'aboutissement d'une ancienne chaîne karmique et le commencement d'une nouvelle, la vie du natif représentant une sorte de station-relais pour mieux permettre une diffusion nouvelle de ce lien karmique à travers sa descendance et des générations futures. Les efforts vont consister à se délier des origines, à devenir précocement très autonome, à s'affranchir de valeurs issues de son environnement natal, à les recréer sous des formes souples et progressistes, à améliorer les obligations ou s'en défaire avec naturel, à s'évader du passé en se fixant des idéaux à terme. Le natif s'expose souvent à une indépendance farouche et à une crédibilité jouxtant l'excentricité, le manque de considération étant le prix à payer. Il en résulte un fossé entre l'individu et l'extérieur, fossé très mal perçu et évalué par lui-même mais craint ou rejeté par les autres qui n'ont souvent d'autres recours que de mesurer avec réalisme les distances de jugement et d'appréciation de chacun. À un degré supérieur, le natif devient littéralement l'apôtre de ses propres visions en instaurant prosélytisme et force de conviction, en évitant soigneusement le terrain du réalisme, en se projetant vers le progrès ou l'utopie : le temporel devient mouvant et va sur une évolution, même si rien ne permet alors d'en espérer les perspectives. Si le karma est positif, l'intéressé agira selon une force le propulsant au niveau de ses buts, l'aspect visionnaire recréant véritablement une réalité située dans le temps. Si le karma est négatif ou difficile, le natif restera soumis à ses propres convictions, ce qui ne lui permet qu'une évasion dans son microcosme, c'est-à-dire dans son environnement direct ou confiné dans ses idéaux.

Effets : les effets ne se bornent souvent qu'à l'émancipation des contraintes et des obligations au sens large du terme, à commencer par l'indépendance qui devient le fer de lance de ce karma : le natif supporte mal les entraves et se dégage de la normalité, surtout si des liens l'y rattachent. Irresponsabilité ou insouciance, manque de réalisme, inconséquence matérielle, optimisme à outrance, extravagance ou mise en orbite de sa personnalité au-delà des normes, etc. Il supporte mal l'autorité, il exporte le sens de la liberté dans l'environnement, il s'affranchit en tentant de rallier les autres à ses vues par un despotisme moral ou spirituel, il casse la routine ou le préétabli. Ce processus creuse des écarts qu'il a du mal à évaluer et à gérer, car plus la différence existe plus l'impression d'approcher de ses buts le conforte. À un stade plus élevé se crée un monde visionnaire dont les frontières avancent ou se consolident au fur et à mesure des oppositions et des contradictions, entretenant l'individu dans une paranoïa n'ayant rien d'agressif mais le rassurant littéralement dans son entêtement : plus l'appel de la logique et de l'uniformité sera puissant, plus l'éloignement moral, intellectuel ou spirituel sera conséquent, le natif ne voulant pas être un heureux ordinaire. Ce karma favorise les divorces multiples, les ruptures, les déménagements fréquents, les reconversions impulsives ; il incite le natif à ne plus pouvoir faire que bouger, se déplacer, circuler, voyager, s'étourdir d'activités sans suite, etc. En général, ce sont les karmas les plus chanceux mais, dans la pratique, on peut noter quand même une fréquence d'accidents au-dessus de la moyenne.

Vies antérieures : ce karma est issu d'un ancêtre qui s'est affranchi sous des moyens divers : ancêtre avant-gardiste, précurseur, révisionniste, converti, contestataire, visionnaire, etc. Une vie antérieure a pu être étroitement liée au monde de la littérature (gens de lettres, philosophes, philanthropes) ou au monde de l'exploration et des voyages (aventuriers, grands voyageurs ou explorateurs, etc.). Il peut s'agir aussi d'un ancêtre ayant trouvé un moyen d'améliorer quelque condition, qui aidait à reconstruire, à progresser ou à réfléchir, voire à guérir. Dans certains cas, il peut être question d'une vocation impliquée dans la découverte, le progrès, la compréhension et la sagesse, que ce soit dans un domaine cartésien ou irrationnel. Le lien peut être aussi issu d'un ancêtre ayant joué un rôle personnel dans une grande émancipation humaine et sociale, à échelle locale ou plus importante.

Carte du ciel 11 :
une radiesthésiste

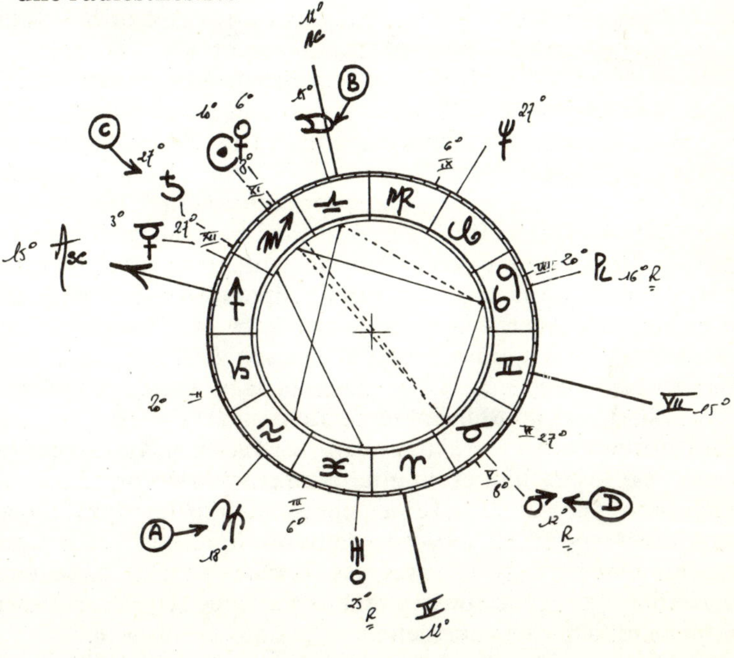

Commentaires de la carte 11

Voici l'exemple d'un karma émancipé et positif, ce qui n'a pas été sans peine pour cette femme qui a très longtemps été perturbée par cette gestation. Elle est native du Scorpion et son ascendant Sagittaire lui octroie une première signature planétaire importante qui marquera sa vie : c'est une Jupitérienne du Verseau (**A**), où s'est fixé son karma dont l'essence est d'affranchir son quotidien.

Elle a été hôtesse de l'air (influence du Verseau), elle a habité plusieurs pays et mené une vie très libérée, ce qui lui a coûté deux unions, le karma non encore émancipé la poussant alors instinctivement non pas sur la destruction mais sur une quête de liberté et de totale mouvance comme un éternel besoin d'affranchissement.

La Lune en Balance (**B**) aurait pu très bien diluer les effets électriques de ce karma du Verseau par sa grande faculté de raisonnement et de conciliation mais elle n'entre pas dans les signatures planétaires de cette femme et se trouve donc soumise aux dominantes, bien qu'elle soit située en position de force, en Maison 10.

La radiesthésie est du ressort du Verseau et cette Jupitérienne l'a découverte à l'étranger. Elle s'est initiée ensuite à cette science avec passion, libérant enfin son karma sur des applications en affinité complète avec le Verseau. Elle engagea alors toute sa vie dans cette passion (Lune au trigone de Jupiter), et se reconvertit ensuite avec détermination à l'approche de sa retraite professionnelle (Saturne en Scorpion [**C**], deuxième signature de cette femme par le Capricorne inclus dans l'ascendant). Elle bénéficie d'excellentes retombées matérielles, sociales et intellectuelles avec ce nouveau métier (trigone de la Lune à Jupiter de la Maison 10, secteur des vocations et des réussites, à la Maison 2, secteur des moyens matériels et financiers) en guidant les autres (Jupiter) dans leur vie quotidienne (Lune) avec succès et notoriété (influence de la Maison 10).

C'est enfin une Martienne du Taureau (**D**), toujours par le Capricorne mordu par l'ascendant, signature influençant une action sur la matière et un goût inné pour la nature, la terre, l'univers rustique : elle se perfectionna dans la géobiologie, science en rapport avec les énergies cosmiques (Verseau) et les flux telluriques (Taureau), avec des applications dans le contexte familial et domestique de sa clientèle (influence de la Lune) afin d'atteindre l'équilibre énergétique dont nous avons besoin.

Aurions-nous pu prévoir que ce karma se délivrerait ainsi, alors que cette femme avait un métier complètement différent ? L'astrologue aurait un peu deviné sur quelles voies cette métamorphose se ferait sans toutefois aller sur de telles précisions, le karma apportant la clef de l'émancipation que lui seul connaît avec certitude, l'individu tâtant des outils et des possibilités diverses avant de connaître le vrai déclic, la grande révélation qui vont lui permettre enfin d'accéder à l'équilibre intérieur, pilier essentiel et crucial de l'équilibre et du bonheur dans la vie.

Les karmas des Poissons

Caractéristiques : les karmiques des Poissons gravitent dans le centre de la Purification afin que leur âme se régénère à travers un purgatoire salutaire et inévitable dont l'essence même leur est inconnue. Le but de ce karma est de parvenir à l'absolution permettant la libération des forces du pardon, puis à la délivrance du poids de la culpabilité originelle.

Évolution : ces karmas peuvent connaître des degrés extrêmement intenses et des évolutions variées trouvant difficilement des explications tant le puits karmique peut être profond. Le natif commence par épouser une souffrance à portée de lui comme la compagne lui étant destinée, constituant un poids émotionnel qu'il va assimiler sans réflexe d'autodéfense. Il va banaliser en totalité douleurs et émotions comme étant le tribu héréditaire et imposé de ce cheminement. L'intention inconsciente de cette gestation est de retrouver un pardon puis un assainissement spirituel pouvant être confondu avec une recherche de paradis perdu, de ce qui est loin, hors d'atteinte, disparu ou confisqué, etc. Le natif se met en quête d'une vérité hors du monde, de la beauté primitive ou du bonheur vital et sacré tel qu'il était avant le chaos ou la souillure, sa perception innée de la pureté lui permettant de distinguer les phares lointains de son futur havre de paix et de vérité sans toutefois en déceler la direction ni les pièges jalonnant son chemin. Il recrée l'éloignement, l'abandon ou l'exil en gravitant dans une introversion douloureuse, retraçant ainsi son propre chemin de croix et sa recherche viscérale du pardon menant au purgatoire, seul moyen de la purification. Le parcours devient jalonné de pièges épars, qu'ils soient d'ordre émotionnel, affectif, matériel, etc., car le natif devient extrêmement vulnérable à tous les chants des sirènes acculant alors son esprit dans une introversion encore plus irréversible, les échecs ou les désillusions venant de nouveau souiller le chemin parcouru. À un degré supérieur, l'évolution peut devenir problématique pour l'équilibre psychique du natif, avec des séquelles difficiles à exorciser tant la densité émotionnelle peut être importante : possibilité de non-retour ou blocage psychologique grave. Dans ce cas, le karma à émanciper reste en gestation et trouvera les moyens de se manifester, ne serait-ce que sur un terrain physique. Ce karma est ce qu'on appelle le karma du sacrifice.

Effets : à un premier degré, les manifestations sont surtout psychologiques : pessimisme chronique, abnégation morale, besoin d'isolement constant, tendance à la dissimulation, au secret, à mentir, etc. Le natif passe par des phases extrêmement émotionnelles avec des ressorts comme la peur, la susceptibilité, la fuite, des phases de chagrin, des tristesses profondes, sortes d'éclipses caractérielles involontaires. L'esprit peut être équilibré mais les dangers peuvent provenir d'une grande vulnérabilité aux artifices, une forte influençabilité et une tendance à ne rien discerner des illusions, tout ce qui est irréel, fantasmagorique ou d'un autre monde faisant appel aux intérêts de l'individu. C'est par ricochets mentaux que le natif parviendra peu à peu à quitter cette ambiance douloureuse pour accéder à la paix. À un stade avancé, le karma en gestation peut influencer fortement des dépressions nerveuses, des périodes d'anémie, des carences sanguines et des maladies plus graves. En général, il reste quand même confiné dans le domaine mental mais c'est en signes d'Eau que l'on retrouve ses effets karmiques les plus féroces.

Vies antérieures : comme ceux du Cancer, ces karmas sont très anciens et se remarquent par une intensité au-dessus de la moyenne. Une vie antérieure peut être issue d'un monde religieux, monastique, voire de croyances très mystiques ou d'une foi au-dessus de toute épreuve, un ancêtre ayant pu se prévaloir aussi d'une mission dans un cadre très philanthropique, humain ou préventif. Si les bases religieuses sont très fréquentes dans le karma marqué par les Poissons, elles peuvent aussi coïncider avec une vie antérieure issue du monde de la souffrance physique, de la maladie et des lieux qui lui sont liés : monde carcéral, hospitalier, de l'exil ou de la répression. Un ancêtre a ainsi pu être captif, exilé, religieux, ou faire partie d'une minorité désavantagée. Une vie antérieure est peut-être liée également au monde artistique par un aïeul ayant marqué son époque à ce sujet : dans ce cas, le natif devrait retrouver ce même intérêt dans sa vie courante. Enfin, ce karma peut ressortir d'une génération de sorciers, visionnaires, extralucides ou parapsychologues, une vie antérieure liée à des pouvoirs de guérison, des pouvoirs divinatoires ou des pouvoirs mystiques et spirituels, l'intéressé devant, dans ce cas, exporter facilement des dons latents sur autrui.

Carte du ciel 12 :
une infirmière
en mission
humanitaire

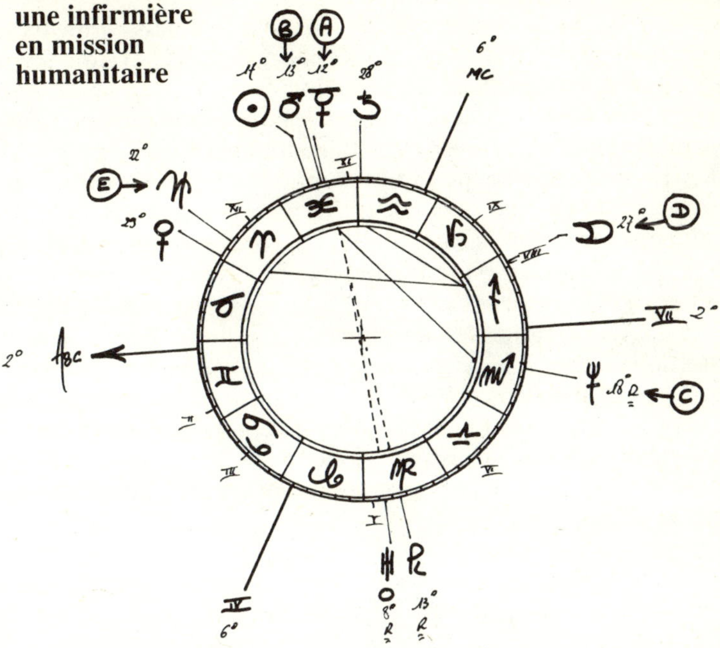

Commentaires de la carte 12

Cette femme est une Mercurienne des Poissons (**A**) par ascendant Gémeaux, signature où s'est fixé son karma, qui a considérablement influencé ses choix sociaux et affectifs. Le développement karmique a été très progressif, en jouant dès l'adolescence (signature mercurienne) par une timidité maladive et une forte émotivité (Mercure en Poissons [**A**]), des carences sanguines et une tendance à l'anémie (*idem*), ainsi qu'un début de noyade ayant pu être fatal (Mercure en conjonction Mars [**B**]).

Elle est très croyante et des visions lui sont apparues dès sa jeunesse (Mercure [**A**] au trigone de Neptune [**C**] dans des signes d'Eau), visions symboliques favorisant peu à peu son intuition et sa prémonition au détriment de sa timidité (Mercure conjoint à Mars).

C'est une grande visionnaire et elle peut transposer n'importe qui dans le passé et ses vies antérieures (trois planètes en

Poissons en trigone de Neptune) grâce à cette extrême sensibilité et à son inspiration divinatoire.

Elle est sujette à des éclipses morales et à des phases de dépression intenses malgré sa vie saine et son charisme (forte influence des Poissons), et ressent le besoin d'aider les autres à travers un soutien moral et médical : elle a quitté un métier libéral (trois planètes dont la dominante en Maison 11, secteur de la clientèle entre autres) pour s'investir dans des actions humanitaires à l'étranger dans des conditions extrêmement difficiles (Lune en Sagittaire en Maison 8) (**D**) avec courage et don total de soi (Lune au trigone de Jupiter [**E**] de la Maison 8 à la Maison 12, les deux Maisons les plus difficiles).

Son émancipation karmique a été ainsi favorisée par cette prise de position ferme ; elle avait besoin d'aller au cœur de la misère humaine pour désincarner une vie antérieure basée elle aussi sur le sacrifice dans des pays en guerre (Mercure conjoint Mars) qui n'étaient pas nécessairement médiatisés (influence des Poissons), et qui sont situés loin de son domicile, dans des lieux désertiques (les Poissons influencent les pays très étendus où prévalent les immensités inhabitées, comme ici le désert).

En vieillissant, cette femme s'est engagée dans des prises de position énergiques (Mercurienne des Poissons [**A**] en conjonction à Mars [**B**]) en faveur de déshérités du tiers monde, en obtenant un rôle d'intermédiaire officiel entre les pouvoirs publics et les pays concernés (les Mercuriens sont très portés sur les rôles d'intermédiaire et d'arbitrage). Elle est mariée à un psychothérapeute (influence du karma des Poissons incluant la recherche d'une purification) et a trois enfants (trois planètes en signe solaire) dont elle a dû souvent se séparer pour acquitter ses missions (sens karmique du sacrifice pour le pardon).

Comme bien souvent chez les karmiques des Poissons, cette femme a choisi le monde de la souffrance pour se libérer de cette hérédité et pour mieux s'équilibrer ensuite, car cette libération n'inclut nullement un changement de cap comme s'il s'agissait d'une thérapie positive suivie d'une guérison. Jamais cet amour de l'humanité ne faillira chez elle ; son sens du sacrifice prendra plus tard des chemins divers pour des besoins différents.

Deuxième partie

PSYCHOTHÉRAPIES ET RECONSTRUCTION

Le karma dans la vie quotidienne

Les types fondamentaux

Dans la pratique, on distingue quatre types fondamentaux de karmas, basés sur les quatre éléments du Zodiaque.

Les karmas de Terre (Taureau-Vierge-Capricorne)

Ces karmas sont enracinés généralement dans la vie socio-professionnelle et s'expriment par la rationalisation des forces inconscientes. Cela revient à dire qu'ils peuvent se concrétiser par des actions pratiques, par le travail, les efforts, les vocations, voire par des résultats visibles, palpables et vérifiables – mais pas toujours positifs. Ce sont des karmas facilement discernables à cause des traces sociales ou matérielles qu'ils impliquent, leurs détendeurs utilisant généralement un outil approprié pour s'en défaire ou pour les vivre. Ils paraissent donc plus malléables au thérapeute mais sont très difficiles à résorber ne serait-ce que par le cheminement mental nécessaire à sa compréhension, l'élément Terre étant par essence concret et rationnel. Ils se conjuguent aussi à des manifestations physiques ou jouant sur la santé.

Les karmas d'Eau (Cancer-Scorpion-Poissons)

Ce sont de loin les plus difficiles et les plus enfouis dans les méandres du psychisme. Ils se vivent généralement très mal, et agissent essentiellement sur les comportements, les caractères ou la vie psychologique de leurs propriétaires, qui en sont littéralement esclaves. Ces karmas sont très anciens ; ils proviennent d'une couche héréditaire très éloignée généralement, et ils permettent peu de maîtrise ou de compréhension de leurs messages, l'intensité karmique étant ici la plus puissante. Elle se traduit par des manifestations psychologiques que l'individu considère souvent comme étant naturelle et qu'il assimile à ses propres réflexes, ce qui complique la démystification du problème. Ils agissent généralement dans l'environnement relationnel, affectif ou familial, impliquant beaucoup de tensions, de bouleversements et de déchirures mais, inversement, ils peuvent devenir très constructifs dès qu'ils sont maîtrisés, offrant de nouvelles possibilités au potentiel car ils laissent en gestation des dons latents ou une perspective d'initiation quelconque, véritable locomotive de l'identité profonde si elle parvient, bien sûr, à se révéler.

Les karmas d'Air (Gémeaux-Balance-Verseau)

Ce sont les plus accessibles car généralement moins intenses, essentiellement à cause de leur âge. En effet, ce sont des karmas récents qui remontent à deux ou trois générations maximum, ou alors des karmas descendants, c'est-à-dire qui débutent et qui seront retransmis, l'individu karmique ne jouant ici qu'un rôle d'intermédiaire ou de matrice pour ses générations futures. Ils mettent en avant un jeu de miroirs psychologiques favorisant la dualité, la double personnalité ou de multiples facettes morales difficiles à contenir du fait de leur dispersion, le natif faisant ricocher instinctivement ses manifestations karmiques sur plusieurs tableaux ayant peu de points communs et étant donc difficiles à concentrer du fait de leur extrême volatilité. Les diverses focalisations de l'individu s'utilisent à travers des images qu'il n'a aucun mal à construire et à démonter, et qui véhiculent le point central du karma vers la diffusion de ces images, diluant ainsi toute possibilité de concentration et de rassemblement. Ils agissent essentiellement sur l'extérieur, sur la communication, sur le monde relationnel, favorisant la multiplication des points d'ancrages – donc des diverses images semées ici et là. Le travail thérapeutique consiste surtout à assembler la personnalité à travers la diversification de ces clichés qu'il faudra démystifier l'un après l'autre.

Les karmas de Feu (Bélier-Lion-Sagittaire)

Ce sont des karmas très puissants qui ont la particularité de bien se voir ; c'est-à-dire qu'ils se traduisent par des actes, des prises de position, des fixations ou des réalisations au grand jour, donc à la vue de tous. Ces karmas ont une ascendance très éloignée et sont souvent liés à une hérédité lointaine dont les tenants jouissaient d'un esprit de caste à travers leurs charges, leur rang sociaux, leur appartenance à un clan, à une aristocratie, à une famille professionnelle ou à un milieu très unifié répondant à un code, une éthique ou des lois bien définies. Ce sont les karmas de l'engagement de l'individu, du militantisme ou des grandes croisades psychologiques qui se traduisent par une mise en avant des idées, des façons de voir et de vivre, que ce soit sur un terrain cartésien ou mystique. Ils agissent essentiellement soit à travers l'impulsivité ou les passions de l'individu, créant ainsi des disparités évidentes, des lacunes très perceptibles, soit au contraire par un éclatement de la personnalité et un rayonnement à la vue de tous.

Cette répartition succincte permet de comprendre les divers karmas possibles mais il faut quand même insister sur les plus difficiles et intenses que sont les karmas d'Eau. Élément de la gestation pure, de la fécondité et donc de la transmission génétique – surtout pour ce qui concerne ceux du Cancer, symbolisant les racines, le ventre des origines –, ce type karmique implique un retour sur soi extrêmement pénible tant les messages contenus semblent profonds et enracinés. Ces karmas puissants mettent leurs détendeurs très à contribution afin qu'ils recherchent la lumière qui leur fait tant défaut, et les efforts ou les crises pour y parvenir sont généralement longs et fastidieux. Le résultat est à la mesure de la souffrance, la délivrance découlant aussitôt sur des applications concrètes et positives dans la vie de l'individu en lui octroyant des possibilités jusqu'alors insoupçonnées.

Karma et vie quotidienne

Dans la vie quotidienne, on ne connaît que peu de choses du karma, on ne le repère pas, il est invisible dans la rue… comme s'il n'y avait que des non-karmiques sur la terre. Alors, on l'utilise à tout-va : dès qu'un problème moral ou psychologique ne trouve pas de solution, c'est lui ! Des professionnels de la parapsychologie trouvent même, à travers lui, des explications pratiques palliant leur ignorance ; et ils abusent des vies antérieures et de la réincarnation, brandissant ainsi un monde inaccessible et occulte pour conclure par des interrogations. Si un couple vit des tensions répétées, des déchirures ou des incompatibilités, c'est une relation karmique, donc négative, il n'y a rien à espérer, ils ne sont pas normaux ! Ou alors c'est parce qu'ils se sont connus dans une vie antérieure et que l'un d'entre eux a été abandonné, ce qui crée ces tensions continuelles... J'ai même analysé un couple où la femme croyait qu'elle avait été assassinée par son époux dans une vie antérieure, ce qui expliquait son rejet profond de lui. Les adaptations fantaisistes du karma dans la vie quotidienne sont très variées et touchent tous les domaines : si cet enfant est isolé, renfermé et peureux, c'est qu'il a été emprisonné longtemps dans une vie antérieure ; si cette femme n'a que des ennuis relationnels, c'est qu'elle a été sorcière ; si cet homme est tant attiré par les armes à feu, c'est qu'il était capitaine de dragons sous Louis XIV, etc. Bref, le karma a le dos large et supporte ce que le concret ne peut expliquer, ce qui lui donne une seconde carrière et le renvoie d'une façon un peu cavalière à ses origines...

En fait, le karma se manifeste d'une façon banale dans la vie ou alors, devrait-on plutôt dire, la vie s'est adaptée aux diverses formes karmiques qui existent dans le quotidien. Il suffit pour s'en convaincre d'observer nos proches d'un œil nouveau en décortiquant leurs manies, fixations ou priorités. Il est évident que les karmas négatifs se laissent observer plus aisément à cause de leurs particularités – habitudes pesantes, fixations, comportement anormal hypersusceptibilité, agressivité voire violence, alcoolisme, etc. – car ils ont tendance à creuser un écart très net avec la « normalité » souvent dans un sens plus ou moins marginal au regard de la société. Cet écart renforce la sécurité à laquelle nous tenons, celle qui nous réconforte car nous sommes dans la « norme » ou, du moins, nous ne sommes pas comme ces karmas négatifs. Les karmas positifs (ou ceux qui ne sont pas négatifs) semblent mieux acceptés par la norme car ils engagent généralement sur les voies de l'expansion, de l'équilibre ou du succès, et suscitent de l'admiration, de l'intérêt, de l'engouement, de la reconnaissance ou de la jalousie. Ils se traduisent souvent par l'impression que leur détendeur est mû par l'harmonie, la facilité, la chance, la beauté, ou par une protection que l'on pourrait attribuer à sa naissance. Ces deux pôles suggèrent d'abord un sentiment de destruction puis un sentiment d'épanouissement, ce qui ne met pas en cause le bien-fondé du karmique en question ni ses profondes motivations humaines, mais aussi la possibilité de pouvoir cerner déjà le genre karmique de l'individu – Terre, Eau, Air ou Feu.

Le premier contact avec notre propre karma s'effectue par le discernement entre le Bien et le Mal. Nous allons donc communier instantanément avec ce qui va nous paraître positif ou négatif vu notre état d'âme, c'est-à-dire que nous nous sentirons concernés et séduits ou, au contraire, non concernés, indifférents ou bannis de ce pôle précis. Ce discernement automatiquement perçu et établi, il faudra tenter de le comprendre autrement que par l'attirance ou l'aversion, ou que par nos critères habituels basés sur le Bien ou le Mal : il faudra éviter, par exemple, de juger une tierce personne sur ses faits, gestes ou tempérament. Comment procéder ? Tout d'abord en se détachant du réflexe du cliché, puis en tentant de rechercher autrement que par l'être lui-même pourquoi il agit ainsi, en isolant la force bonne ou mauvaise qui l'anime comme une entité indépendante de sa propre nature, sorte de vision nouvelle guidée par une chose essentielle : l'humilité. Ce travail personnel favorise considérablement la compréhension des autres à travers un regard qui ne laisse passer ni amour ni haine, une force de pénétration totalement indépendante de notre ressenti, le jugement vrai et non celui qui est dicté par nos propres intérêts. Parvenir à comprendre tous les comportements autour de soi est une avance vers notre propre karma qui a tant à donner encore, mais c'est aussi rejoindre le début de l'essentiel de la vie, ce cheminement ne s'arrêtant jamais à ce stade, les richesses à accumuler se situant tout au long du parcours.

Comprendre et assimiler ne veut pas dire accepter ou se soumettre. Observer d'où vient le mal autrement que par les faits nous transforme tous en docteurs de l'âme humaine, nous conférant donc le pouvoir de refléter vers autrui ce que l'on perçoit avec lucidité. Nous aurions tous apprécié d'avoir été ainsi conseillé, guidé ou compris dans des périodes critiques. Le diagnostic du thérapeute ne doit pas non plus être enfermé dans un jargon technique collé sur le front de l'intéressé, comme c'est souvent le cas avec un type de classement afférent à la méthode employée ; il doit au contraire absolument tenir compte du fait que l'homme est unique dans chaque cas. Par exemple, en décrivant les généralités du karma d'un consultant mal en point, en entrant dans son centre, en expliquant ses réflexes, ses lubies, ses entêtements ou ses propres tensions, en contournant ses risques, ses blocages ou ses phobies, en lui faisant refléter sa vie intérieure confinée et secrète... ses yeux s'ouvrent, son visage s'illumine, il reste figé et abasourdi non pas par la prouesse de l'investigation mais parce que c'est la première fois qu'il se voit, la première fois qu'il trouve un témoin de cette vie qu'il pensait irréelle, la première fois qu'il trouve un miroir exact ; il redevient donc normal puisqu'il existe bien sous cet angle. Survient ensuite un début de libération : il est sorti du ventre du karma et le regarde en face comme une grande révélation lui redonnant forces et motivations pour aller plus loin puisqu'il a maintenant confiance dans la thérapie karmique qui lui a donné les outils nécessaires et les clefs de ses propres blindages. Le thérapeute reste effacé et humble devant sa joie et ses espérances, ce qui est loin d'être le cas pour beaucoup de professionnels de la psychologie qui mettent leurs victoires sur le compte de leur personnalité en s'attribuant avec fierté les médailles et les honneurs gagnés sur les champs de bataille, mais en oubliant qu'uniformiser à travers des méthodes élaborées et des batteries de tests ne fait qu'isoler l'individu en le repoussant encore plus dans son centre crucial d'où il ne bougera plus. Il ne faudra donc pas employer ces méthodes un peu « passe-partout » qui ont tendance à uniformiser les problèmes de chacun et à les banaliser sous des explications prédigérées, laissant l'œuf intact, et l'intéressé partiellement convaincu.

La programmation neuro-linguistique (PNL), l'ennéagramme, l'analyse transactionnelle sont devenus des langages performants pour évaluer des critères précis et fiables mais dont la base est la masse, les humains dans leur totalité, la foule ou un groupement donné et non l'individu même qui se trouve dégagé et trié en suivant un couloir psychologique donnant sur une belle salle d'attente déjà pleine. Ces méthodes sont loin d'être inutiles car elles ont l'avantage d'être accessibles à tous, multidiffusées, et elles représentent un premier palier très pratique permettant d'accéder à la connaissance de soi et des autres, ce qui favorise l'acceptation des images de ce qui nous entoure autrement que par des efforts de tolérance, de générosité ou de découverte psychologique. Elles permettent un jugement surélevé du microcosme qui nous guette et nous attend, et favorisent les premiers déclics visant à nous projeter en dehors de nous-mêmes, en dehors de nos visions habituelles empêtrées dans d'éternelles contradictions. Elles éclaircissent l'homme dans son ensemble sans avoir malheureusement la force de pénétration qui permettrait à chacun de se libérer.

L'individu a besoin de se comprendre, surtout en tant que cas unique qui ne ressemble jamais aux autres, et c'est pourquoi beaucoup de consultants en psychothérapie lâchent prise à cause de cette dilution mentale qui intervient au cours des séances. Parler le langage de leur karma, les extraire de leur isolement émotionnel, par des preuves identifiables, est nécessaire. La révélation de soi devient le déclic salutaire permettant de mettre le sujet sur une nouvelle orbite mentale d'où il évoluera vers une libération.

Thérapies, désincarnation et reconstruction de soi

« *Comment expliquez-vous que l'homme capable du Bien est à ce point prisonnier du Mal ? Mais d'où vient le Mal si Dieu est Amour ?* », demandent à la Sorbonne les interlocuteurs du cardinal Jean-Marie Lustiger, qui répond : « *De la liberté. Nos actes ont cette dramatique noblesse de pouvoir nous engager dans l'irréversible…* »

Il n'y a pas de thérapies ou de psychothérapies appropriées à chaque type de karma pour accéder à une libération. On ne peut donc pas préconiser une recette adéquate avec un mode d'emploi automatique car le karma parle un langage différent du nôtre et il n'est sensible qu'à une seule logique : la sienne. Il faut donc accéder à ce langage hors du temps pour converser avec l'être humain intérieur, pour comprendre ce qu'il veut, quelles sont ses motivations et ses débats profonds, et quel message vital est à traduire. Cela représente un travail d'investigation rapide grâce au support de la carte du ciel natal. Par la suite, il faudra apprendre au karmique à discerner ce qui est en lui, en lui donnant les outils lui permettant d'approcher cet être intérieur et de lui parler, de le rendre familier et de tenter de le dompter et le maîtriser. Si nous pouvons plus ou moins efficacement planifier les karmas à l'aide de l'astrologie planétaire et parvenir à les typer, chaque cas reste unique et personnel, les nuances pouvant être importantes et isoler l'intéressé dans une incompréhension à l'égard des définitions des karmas en signes. Chaque histoire karmique est unique, chaque vie antérieure restant fortement attachée aux tablettes du legs héréditaire.

Définir son centre karmique

Les définitions des centres permettent de cerner où se trouve le contexte précis du karma en cause, mais l'application sur le quotidien peut varier beaucoup, l'important étant de se baser sur ce centre puis de rechercher les connotations particulières à chaque cas. Le problème majeur est de faire comprendre au karmique en gestation où il stationne dans l'échelle des centres, et de l'amener à découvrir le contexte global dans lequel il vit, souffre ou se débat, afin de l'aider à mieux discerner les parois, les limites et les portes de sortie. Cela revient à dire que pour pouvoir l'arracher à la fixation de sa douleur, un décor nouveau va l'entourer, l'incitant enfin à lever les yeux pour se surélever du nid karmique un moment, en laissant suspendue cette douleur qui va prendre dès lors une autre signification. Il n'y aura aucune amélioration de l'état si l'intéressé ne se repositionne pas dans l'univers karmique.

Le thérapeute doit donc d'abord situer le malaise, le travail à effectuer et les possibilités de sortie ; il saura alors où aller chercher le karmique sans passer à côté ni s'évertuer à exploiter plusieurs méthodes, la carte du ciel étant le reflet parfait de l'individu en cause, véritable radiographie sur laquelle on décèlera rapidement où se trouve la lésion. En contrepartie, le natif sera surpris de constater que ce thérapeute a réussi à le dénicher rapidement ; il se trouvera à découvert psychologiquement, c'est-à-dire que son phénomène karmique si exigu, si compliqué ou si mouvant est identifié avec précision par un tiers malgré ses conclusions axées sur l'indiscernable. Il trouve enfin un témoin : cette gestation existe donc puisque quelqu'un l'a vue, l'a repérée et la manipule. Intervient ensuite un processus de banalisation de façon naturelle ; nous pourrons enfin parler de quelque chose qui n'existait pas ou qui avait une consistance impalpable ne permettant pas d'utiliser des mots usuels pour la décrire ; cette chose dans l'ombre s'éclaire et prend des formes progressivement ; la Bête cachée et dangereuse s'avère pouvoir être maîtrisée car elle a peur de la lumière qui la désintègre ; l'intéressé va donc pouvoir caresser ce qui l'effrayait et accéder à une évolution. Paradoxalement, le karmique va s'employer ensuite à décortiquer avec avidité et stimulation ce pan inconnu de sa personnalité, n'étant plus dans la peur ou l'inconnu. Il devient son propre thérapeute, son propre médecin, en usant d'outils qu'il ne savait pas manipuler auparavant, outils mis à sa disposition par la configuration de Jupiter à sa nativité. Il va devenir le remodeleur de lui-même en discernant parfaitement la partie malade ou détériorée de son identité, ou en alternant avec facilité les rôles du patient et du soignant devant son thérapeute… Comme quoi nous ne sommes jamais mieux servis que par nous-mêmes !

À travers le symbolisme de la définition des centres, une compréhension des grands pôles de l'âme humaine peut être abordée, chaque pôle ayant son échelle d'intensité et ses nuances, bien sûr, et contribuant à la fiabilité d'une base de départ succincte qui permet d'accéder à des directions plus ou moins variées ensuite sans risque de fausse route. Je résume les karmas et leurs centres symboliques dans cette liste :

Bélier	➟	centre de l'Instinct
Taureau	➟	centre de l'Équilibre
Gémeaux	➟	centre des Images et des Miroirs
Cancer	➟	centre de l'Émotion et du Néant
Lion	➟	centre du Moi et du Monde
Vierge	➟	centre de la Crainte et du Doute
Balance	➟	centre des Autres
Scorpion	➟	centre de la Force
Sagittaire	➟	centre des Doctrines et des Valeurs
Capricorne	➟	centre de l'Essentiel
Verseau	➟	centre de l'Affranchissement
Poissons	➟	centre de la Purification

Chaque centre karmique tend à prendre appui sur ses voisins en heurtant leurs cloisons, c'est-à-dire que le karma en cause va tenter des échappées vers ce qui lui est le plus proche, en avançant ou en reculant. Par exemple, le karma du Cancer fera des intrusions chez celui des Gémeaux ou du Lion ; le karma du Scorpion ricochera entre celui de la Balance et du Sagittaire ; ou celui du Bélier entre les karmas du Taureau et des Poissons. Dans la pratique, un karmique hyperémotionnel du Cancer trouve refuge dans le centre des Images et des Miroirs alimentant idées fausses, illusion et naïveté, ou dans le centre du Moi et du Monde, favorisant repli sur soi, microcosme mental ou démagogie latente, etc. Ces appuis de proximité sont généralement instables et temporaires, le karmique ne pouvant que redescendre dans l'œuf de son propre centre quoique, parfois, la transition puisse durer plusieurs années entre un centre et un autre. Chaque centre jouxtant le principal est donc une possibilité pour puiser un remède ou des valeurs nouvelles palliant la peur inconsciente d'être confronté à son propre karma. Ces déviations sont normales sur le plan psychique, les réflexes humains étant basés sur la crainte de la mort. Et la mort étant nécessaire au renouveau, on ne peut donc renaître sans mourir, hélas et heureusement…

L'effet de désincarnation contribue de façon certaine à l'évolution de l'être désincarné. Cette règle peut sembler cartésienne, et elle l'est : redistribution de son rôle affectif, social, psychologique et même pathologique, imminence d'une vérité pure faisant tremplin sur des bases très stimulantes, pourvues de forces nouvelles donnant accès à de nouvelles formulations de la vie. Ce processus est d'autant plus positif que c'est l'individu concerné qui devient son propre guide, décuplant ainsi les forces de motivation et de prise de conscience. Les répercussions seront donc bénéfiques et nous pouvons voir type par type sur quels terrains avec plus de précision.

■ Les karmas signe par signe

Karma du Bélier : le problème majeur de ce karma est de désactiver les instincts et les réactions d'autodéfense, voire d'agressivité, car le natif réagit et se débat littéralement dans des sursauts indépendants de sa volonté ne lui permettant donc pas la prise de recul nécessaire à l'analyse de sa situation. Ce type karmique vit beaucoup dans le présent, dans l'instant, dans l'observation spontanée, le court terme étant le butoir le plus éloigné de son esprit comme un challenge journalier sans possibilité d'analyse sur le plus long terme. Le besoin inné de l'engagement et de la prouesse pousse le natif perpétuellement dans l'arène de son propre combat, et la thérapie va donc consister à transposer cette énergie pour le dégager du front habituel et retourner la puissance vers un cheminement étroit et précis qui va fusionner vers une sortie psychologique et libératrice. Ce type de karma force l'intéressé à toujours garder le premier rôle et à être au centre de sa propre force. Ce qui revient à dire que le thérapeute ne peut en aucun cas anesthésier la force ; il doit la contourner et la guider dans le sens voulu, ce genre de karmique restant rebelle à une prise en charge du problème, ou insensible à un éventuel désamorçage de cette puissance afin de favoriser le plan spirituel. À ce stade, l'évolution et l'émancipation peuvent être très rapides, d'autant plus que le natif possède généralement un courage inné lui permettant d'aborder ce nettoyage karmique sans complexe.

Karma du Taureau : le problème majeur de ce karma est de désactiver les valeurs rationnelles qui jettent l'intéressé sur ses bases matérialistes et concrètes, empêchant toute envolée dans l'abstrait : il lui est donc très difficile d'apprendre à gérer ce qui est inconnu – donc non identifiable par les outils cartésiens de proximité qui deviennent littéralement inutilisables et caducs – et d'assimiler le fait qu'il existe un autre monde que celui que l'on voit, qu'il existe une autre logique avec son propre langage différent du nôtre. Ce karma est toujours très lent, c'est-à-dire que l'intéressé assimile progressivement les données de son observation sans pouvoir réagir à cause de la crainte d'aborder ce monde sans repère, sans jalon, sans pouvoir de maîtrise rationnelle, le natif ne pouvant souvent rien concevoir sans qu'il n'y ait de points d'ancrages où prendre appui. Plus il s'éloigne de ses repères familiers, plus cela est difficile, n'ayant plus aucune capacité sauf celle de fuir et de s'échapper. C'est pourquoi ce genre de karmique entre souvent dans un processus plus physique : imaginons des soupapes mentales ne pouvant pas fonctionner, laissant la pression interne s'intensifier, l'individu étant par essence même cartésien, cette force se retourne contre lui et engendre les dépressions nerveuses si caractéristiques de ce karma. La recherche étant celle de l'équilibre, le but du thérapeute sera de gagner sa confiance en le persuadant que l'équilibre se trouve aussi de l'autre côté de cette rivière mentale : intervient dès lors une reconquête de lui-même avec un besoin d'accroître, un besoin de possession et un besoin de jouissance propres au signe du Taureau, allant ici dans un sens d'expansion personnelle pouvant remettre beaucoup de choses en question positivement. Autant la mise en route de la libération est laborieuse, autant la force d'annexion de ses propres découvertes est importante, ce genre de karmique mettant vite à profit les bénéfices de ce travail intérieur sur les bases essentielles de son identité, même ainsi évoluée, bases matérielles et rationnelles bien sûr.

Karma des Gémeaux : le problème majeur de ce karma est de parvenir à assembler les multiples facettes du natif puis de les unifier dans son esprit et son jugement comme une vue d'ensemble de son identité véritable, chose qui n'est pas facile puisque ce karmique ignore bien souvent les images qu'il crée afin d'échapper instinctivement à l'unité, c'est-à-dire à une image fixe de son identité. Ce karma est donc volatile et extrêmement véloce, adaptable et souple ; il se transforme sous diverses formes, le natif fuyant l'idée d'une vérité à gérer le fixant dans une définition rigide et mettant fin au labyrinthe psychologique dans lequel il vit : c'est souvent une question de survie pour lui que de manier avec dextérité et conscience un capital d'images et de dualités jusqu'au jour où l'un de ses « sites de vie » demande une grande concentration de ses forces et de ses motivations, faisant appel à une unité qui fera cruellement défaut. On trouve souvent ce cas dans les questions affectives, où le natif aura à gérer des images créées et disséminées un peu partout s'il veut favoriser un assemblage de l'identité. C'est en général à ce stade qu'il se rend compte de l'étendue de cette dissémination impossible à maîtriser, car il prend conscience du fait qu'il a perdu une crédibilité dont il a tant besoin. Le thérapeute doit démonter avec lui les cloisonnements des images en faisant des analogies souvent faciles entre chaque site de vie, le karmique dédramatisant vite les connexions ainsi créées, posant alors un regard sur sa personnalité devenu sain et limpide. L'émancipation karmique découle ensuite sur la maîtrise totale des possibilités de dissémination constructives de la personnalité à travers des applications générales diverses, la démystification des images instaurant un climat de légalité et de transparence nécessaire à cette prise de conscience.

Karma du Cancer : le problème majeur de ce karma est de parvenir à arracher le natif de la gangue des émotions et de la fatalité dans laquelle la gestation karmique est si douloureuse.

L'intéressé vit en osmose avec une source originelle en rupture avec les réalités et les aléas de la vie, et cette source constitue le moteur essentiel de ses motivations vitales. Il faudra donc désamorcer son processus de « survie profonde » sans provoquer la peur de l'abandon car ces karmiques vivent continuellement dans l'appréhension de se retrouver seuls ou de devoir rechercher des buts dans la vie pratique. Ce n'est pas pour rien que le signe du Cancer est le nid de la famille et de la fécondité. Soustraire le natif à ses peurs et à ses émotions revient à provoquer un accouchement, une deuxième naissance, qu'il ne faut pas confondre avec une renaissance illusoire que le natif peut mettre en œuvre pour échapper instinctivement à la vérité car sa présence sur terre est souvent mal perçue ou vécue. On peut noter chez ces karmiques un grand besoin de la famille et une grande fécondité favorisant des naissances multiples, sorte de recherche d'eux-mêmes à travers des procréations. Le karma du Cancer est toujours loin, intouchable ou inviolable, son propriétaire restant persuadé qu'il est le seul à pouvoir le maîtriser et le comprendre… Ce qui est souvent vrai : l'accès à l'originel est de leur ressort, ils possèdent cette clef indispensable pour entrer dans ce monde lointain, inconnu, et surtout immaculé du passé ; mais il faut les y préparer et leur montrer le chemin. Ce genre de karmique entrera donc seul dans l'antre profond de son karma, comme un initié qui attendait l'heure de son appel, et il quittera tous les domaines thérapeutiques dès qu'il entendra ses messages profonds en recréant un monde propre et nouveau attaché à ses suffisances et ses besoins. Émancipé, le karmique du Cancer devient extrêmement fertile, et cette libération se répercute sur sa vie entière, bien sûr, mais aussi sur son passé car il cherchera à absoudre ses incompréhensions, ses fautes ou ses abus en affrontant courageusement le chemin parcouru. Le thérapeute doit donc travailler à désactiver l'émotion et à éclairer le néant ; il sait que le natif sait lui aussi, c'est-à-dire qu'il se trouve en présence d'un blessé qui sait où se trouve la plaie mais qui a peur de soulever sa chemise pour diagnostiquer les dégâts. Ce karmique sait aussi qu'il est différent des autres, que son esprit n'entre pas dans le calque des clichés courants ; son intuition et sa sensibilité deviennent souvent très handicapantes et le projettent sur des points d'ancrages éloignés des esprits habituels, favorisant ainsi une sorte d'exil inéluctable malgré sa grande chaleur humaine. Ce n'est pas pour rien non plus que le

Cancer est le nid de la voyance ; ces natifs ont besoin d'être compris et banalisés comme les autres, car il faut se dire qu'un karmique du Cancer sécurisé et épaulé est à moitié libéré et que la considération admise de son problème karmique est une clef essentielle de son émancipation future.

Karma du Lion : le problème majeur de ce karma est de désactiver la crainte de ne pas avoir un rôle prépondérant à jouer et de retomber dans la banalité ou la médiocrité, ce karma étant par essence dominateur, supérieur et rayonnant. Ce besoin de rayonnement et de supériorité se traduit par un continuel accaparement de la force pour consolider et épanouir tout ce qui aura attrait à la représentation de soi-même, que ce soit par le biais social, professionnel, physique ou sentimental, engendrant ainsi un protectionnisme instinctif de son propre culte ou de son propre mythe. Le natif se sent investi d'un droit, d'une prérogative supérieure lui permettant d'outrepasser le respect des convenances admises ; il se sent poussé par l'autorisation de braver l'autorité ou l'ordre par sa simple existence, comme s'il avait été déposé sur terre pour s'y acquitter d'une mission d'envergure. Ces karmiques sont très attirés par la beauté, la célébrité, la gloire ou le scintillement d'une vie exemplaire ; ils ne peuvent imaginer le bonheur autrement que comme quelque chose de magique ou d'exceptionnel. Cela les pousse vers une tyrannie bien souvent inconsciente à cause de cette mission à effectuer, tyrannie pouvant être chargée d'agressivité et dirigée sur les autres, ou bien passive et dirigée contre soi, comme on le voit par exemple dans la poursuite obsessionnelle de la réussite. Le thérapeute doit surtout guider ce karmique à travers ses possibilités de création, c'est-à-dire dans ses facultés latentes de surpasser autrui et de faire rayonner une image très favorisée, à redonner de l'éclat à une noblesse enfouie par des moyens plus simples et plus accessibles qu'un perpétuel combat, ce genre de karmique ne voulant pas non plus être un heureux ordinaire. Ce qui est donc à portée de main, facilement exploitable ou faisant partie du commun des mortels va manquer d'intensité et de noblesse aux yeux de ce karmique. Pourtant, le karma va se libérer en faisant admettre à l'intéressé que des choses simples ont souvent une valeur et une intensité insoupçonnables, même si rien ne brille ou si rien ne paraît éclatant. L'émancipation interviendra quand le karmique pourra enfin se situer, puis se déplacer du microcosme au macrocosme sans honte et sans peur d'être figé dans un monde sur lequel les dieux ne posent jamais les yeux.

Karma de la Vierge : le problème majeur de ce karma est de pouvoir suspendre l'état de famine dans lequel se confine instinctivement le natif, qui annihile la faim par la prévision et la réduction : cette famine inconsciente se traduit dans la vie courante par un amoindrissement des moyens et par la présence permanente d'une peur de manquer, donc de souffrir. Cette faim karmique implique la nécessité de rester en dessous des quotas vitaux afin de mieux prévoir : le natif devient prisonnier de sa propre peur et se confine dans un repli psychologique, une abnégation, un sentiment d'infériorité ou une paranoïa latente dont les seules forces sont de consolider l'isolement afin de mieux parer aux éventualités de catastrophes. Si l'impression de faim est enrayée par des réalisations diverses permettant à un climat de sécurité et à un relâchement moral de s'instaurer, le doute recommence à apparaître, avec son cortège de nouvelles appréhensions, recréant ainsi un besoin de se sécuriser par un amassement de nouveaux moyens de subsister. Ce n'est pas pour rien que les karmiques de la Vierge sont de très gros travailleurs... Ce karma émet donc un état d'insécurité continuel s'apparentant à la peur, instaurant un besoin de la prévention et de la prévision pouvant déséquilibrer psychologiquement le natif sans qu'il s'en rende compte. Le thérapeute doit d'abord décrire un état des lieux précis de ce climat obsessionnel, ramenant le karmique sur son propre terrain, puis le situer dans ce décor créé par ses angoisses, tout en jouant sur les facultés poussées d'analyse du signe de la Vierge. Ensuite, il faudra lui inculquer la notion de confiance vis-à-vis des autres, très tributaire de la confiance en soi – ce qui ne sera pas une mince affaire, car cela implique le relâchement moral souvent assimilé à la faiblesse ou à l'imprévision, talons d'Achille des karmiques de la Vierge. Ces notions de vigilance et de confiance doivent ensuite permettre au natif d'axer son énergie vers des réalisations qui vont sublimer ces notions, qui vont devenir des réflexes de prévention et de répression à titre constructif et non plus à titre d'autodéfense, créant un nouveau climat certes tout aussi intense mais ô combien épanouissant dans le sens d'une redistribution des rôles ami-ennemi. Si toute émancipation karmique peut conduire sur des chemins aux antipodes des origines des karmas concernés, celle-ci restera confinée dans un espace restreint mais avec des frontières élargies, l'intéressé ne confondant pas une libération avec une aventure, le caractère pragmatique de ce signe s'imposant avec encore plus de force par le biais d'applications utilitaires et constructives. Ce sont aussi des karmas difficiles à gérer dès qu'ils sont identifiés et démystifiés, ne serait-ce que par le risque de rechute dans un autre microcosme, risque faisant penser aux poupées russes s'emboîtant les unes dans les autres, la découverte de la vraie libération n'intervenant qu'au bout du processus de duplication.

Karma de la Balance : le problème majeur de ce karma est de parvenir à isoler le natif en tant qu'individu « unitaire », ce qui revient à dire qu'il faudra lui faire admettre qu'il existe *seul* et non *seul avec les autres*. Généralement, le karmique en stade de gestation réagit uniquement en fonction du monde extérieur, et est plongé dans des démêlés relationnels ou affectifs divers, du fait de son besoin des autres, comme dans une grande toile d'araignée. Le travail thérapeutique va consister à modifier progressivement son environnement humain pour l'amener, dans l'isolement, à se confronter à lui-même, comme on extirperait un individu de la foule afin de lui parler seul à seul. Comme les karmiques des signes d'air, sa tentation sera de se fondre avec les autres, de s'immiscer dans leur vie par peur des responsabilités qui lui incombe en tant qu'« individu unitaire », ou par peur de l'acceptation de sa personnalité réelle, non polluée par l'image que lui renvoie l'extérieur. Il faut opérer une sorte de sevrage relationnel nécessaire à sa justification karmique, ces natifs se distinguant par une voracité bien au-dessus de la moyenne dans ce domaine : ils n'existent que par la multitude et, sur le terrain thérapeutique, on sera très certainement amené à procéder à un démontage affectif, ce karma (comme celui du Lion) étant très lié, entre autres choses, aux privilèges artificiels de l'amour. Émancipé, le natif se replongera dans le macrocosme avec plus d'avidité qu'auparavant mais, cette fois-ci, avec un point d'ancrage personnel, une balise qui lui permettra toujours de revenir à son point d'origine. Cette nouvelle identification de soi favorise une projection positive sur l'environnement, ce qui revient à dire que le karmique est devenu lui-même. Il peut en mesurer l'impact et les retombées, cette acceptation étant facilitée par une analyse de sa personnalité faite avec neutralité, sans cet ego déformant caractéristique des autres karmiques. Le bénéfice des ouvertures nouvelles étant ainsi offert, le karmique sait manier l'harmonie et l'équilibre avec un sens de l'expansion assez poussé, cette libération pouvant considérablement consolider le pouvoir attractif, la chance relationnelle et les opportunités en général. L'effet de l'émancipation karmique chez ces natifs entraîne souvent l'impression très nette d'une nouvelle vie, avec une séparation très nette du présent d'avec le passé, favorisant une digestion rapide des erreurs et des déviations. Ce n'est pas pour rien que la Balance est le signe de la conciliation…

Karma du Scorpion : le problème majeur de ce karma est de parvenir à faire mesurer au natif l'intensité de sa force, et à lui apprendre à diriger le canon de cette puissance sur des cibles positives. Il faudra donc lui apprendre à doser, évaluer, contenir, scinder, épurer ou projeter cette force en ayant eu soin de créer des cloisons permettant des étanchéités mentales, la force se propageant sinon sur toute la surface psychologique. Ces karmas sont extrêmement intenses, comme ceux des autres signes d'Eau ; ainsi, créer des barrages pour éviter les inondations commence par la maîtrise du cours de la force en extirpant le karmique de sa noyade dans ses propres eaux, ce qui demandera du temps ou de la patience. Il faudra donc amener l'intéressé à l'analyse de sa douleur, de sa révolte, de son goût de la mort et de la destruction, autoanalyse qui devra être affranchie de cette force afin de la discerner des images, séparation chimique de la force et de la raison. Le karmique sera ensuite tenté par le réflexe du bouclier du guerrier : se sentant vulnérable et sans défense, il cherchera à se protéger par tous les moyens au lieu de rester à découvert sur un terrain inconnu, et ce jusqu'à ce qu'il prenne conscience d'être sécurisé ou pris en charge positivement. Cette force parviendra à être analysée, structurée et morcelée, favorisant ainsi la politique de répression et de prévention innée chez les natifs de ce signe, une dissociation de la puissance constructive et de la puissance destructive, sans risque d'impulsivité ou de déclics d'autodéfense comme auparavant. La libération engendre souvent la maîtrise de la puissance d'investigation, vers ce qui est inconnu, caché, invisible ou impalpable, comme une nouvelle possibilité de vision par un angle de la vie que l'on n'avait pas encore senti ni exploité, projetant le natif vers des contrées de lui-même qu'il n'imaginait pas tant cette concentration de la force était aveuglante et bruyante. Ce sens nouveau de l'intuition constructive et non plus totalement défensive va consolider des pouvoirs créatifs libérés de la tension d'antan, la puissance s'avérant plus malléable et souple qu'on ne le pensait. La sexualité, cruciale et permanente chez ces karmiques, va se discipliner en s'éloignant du vénal et s'approcher de la passion avec des transformations, sur le plan de la sensualité, vers un état plus serein, l'ascendant sur les autres ne déclinant pas pour autant dans ce domaine. L'émancipation karmique favorisera donc le cheminement libre de la force vers la paix, et du concret vers l'abstrait, en faisant prendre conscience à l'intéressé que la colère contenue ou libérée n'était qu'une mise à disposition d'éléments puissants devant être répartis par dosages et non par cascades entières. La métamorphose intervient dès que le natif se sent apte à cette répartition et commence à l'appliquer.

Karma du Sagittaire : le problème majeur de ce karma est de faire prendre conscience à son possesseur qu'il pourra sans danger être quelqu'un d'autre que l'apôtre d'une éthique, que l'intermédiaire de Jupiter, que le représentant d'un code, que le guide des autres ou qu'un missionnaire de la bonne manière ou de la meilleure convenance. Ces karmiques se sentent en effet chargés d'une mission qui pourra être très diversifiée mais toujours dans l'orbite du pouvoir, de l'autorité, de la puissance, du respect de la loi, etc., ce qui les projette souvent dans un climat d'usurpation ou d'abus qui sera aussi intense que la contestation sera forte, le rôle de la mission s'affirmant encore plus au fur et à mesure des difficultés comme un champ de bataille que le natif visualise avec une notion de clan, de clivage ou d'idées sectaires. Il y aura toujours aussi chez ces karmiques un sens humain très prononcé, une notion de charité et de rigueur, des aspects de jugement déconcertants ou des envolées intellectuelles et spirituelles pouvant décontenancer les autres ou même le thérapeute : la puissance du prosélytisme du Sagittaire entre en jeu dans ces formes karmiques, propulsant l'intéressé sur des sphères morales, sociales ou intellectuelles généralement haut perchées qui peuvent imposer le respect ou la circonspection.

En fait cela revient souvent à dire que le karmique a raison, fait preuve de sagesse dans sa dérive, ou qu'il est investi d'un pouvoir qui inspire à l'autre la peur de se tromper ou d'être condamné, ce qui déroute celui-ci quant au jugement éventuel à porter. Le karma faisant souvent partie d'une initiation est délicat à saisir, l'initiation pouvant être purement éducative, psychologique, fantasmagorique, ou émanant de l'inconscient collectif. L'essentiel est de savoir que ces karmiques peuvent capter des émergences supérieures ou être détendeurs du don d'intermédiaire entre des formes abstraites et leurs répercussions sur le terrain concret. Par expérience, ce sont les karmas les plus intéressants dans le sens où le thérapeute guide mais apprend quelque chose en même temps, tout en tentant d'axer la force karmique sur des contrées plus rationnelles, en se basant sur le symptôme qui est commun à ces natifs : l'abus. En effet, il faudra leur apprendre à doser, à retenir la force de l'endoctrinement moral, à gérer parcimonieusement le legs de la puissance de jugement, à cesser de se considérer comme prophètes de vérités intermédiaires de la vie quotidienne, ce qui va du karmique intolérant ou moralisateur à l'illuminé ou au missionnaire d'entités abstraites. L'émancipation aura tendance à légaliser et à officialiser ce rôle de guidage par une discipline qui débutera par soi, le natif ne revêtant plus des habits austères qui semblaient lui être destinés comme un legs naturel, la libération karmique engendrant un besoin de communion humaine mais dans un sens généralement plus humble ou moins impulsif qu'auparavant.

Karma du Capricorne : le problème majeur de ce karma est de pouvoir lier la quête de l'essentiel à l'harmonie du quotidien, c'est-à-dire allier deux climats distincts en contrôlant la tendance inconsciente à pencher vers le climat le plus karmique : le cheminement solitaire vers l'élévation. Le natif ressent, avant d'entreprendre le parcours, la nécessité d'une épuration ou le besoin de rassembler des forces et de la concentration par un assainissement moral, relationnel, matériel ou même social ; ce qui est une erreur car cette impression de revêtir une carapace n'est qu'un processus de dénuement ne favorisant pas ou peu la chance et les opportunités, et une façon de s'isoler à travers une notion de sacrifice général. Ce karma donne à son propriétaire une méfiance ou un rejet pour tout ce qui est inutile, futile et superficiel, païen à ses yeux, sans possibilité d'adaptation morale, c'est-à-dire que le processus des choix et des intérêts devient binaire (positif/négatif). La gestation de ce karma entraîne une mise en orbite psychologique généralement élevée n'avantageant pas la thérapie, qui va être désossée, décortiquée, critiquée ou consommée avec prudence tant le besoin de l'essentiel sera devenu une priorité, besoin constant d'épurer ce qui n'est pas cartésien, et méfiance vis-à-vis d'une intrusion extérieure dans le monde intérieur, obligeant à des remises en question – donc à faire machine arrière, ce qui est peu du ressort du Capricorne. La résistance de ce signe à la souffrance et à la tension psychologique amène le natif à la construction d'une citadelle morale où l'émotion et la sensibilité n'ont pas le droit d'entrer. La défense de cette place forte est assurée par un faisceau de visualisation détecteur d'obstacles ou d'éléments perturbateurs repérés comme dans un champ de visée très large capable de ratisser les généralités et les stéréotypes, afin d'éviter toute pollution des intérêts propres. Cela inclut donc un isolement consenti, un mutisme ou une pudeur morale vis-à-vis des tensions et des déséquilibres en gestation. Il faudra donc crédibiliser une éventuelle intervention extérieure par une familiarité relative construite sur la base des opinions communes ; en bref, il faudra gagner la confiance du karmique et l'inciter à se laisser guider. L'émancipation se fera avec du temps, et elle aura lieu lorsque le natif acceptera l'idée de s'affranchir enfin du poids psychologique habituel du karma, la résistance à cette tension étant proportionnelle à l'assiduité de la quête vers l'élévation, comme une sorte de tribut légal à payer, inclus en totalité dans la psychologie de l'intéressé. La délivrance du karma engendre là aussi des possibilités nouvelles, mais surtout au niveau des moyens : les interdits factices tombent ; l'autocensure disparaît ; le champ d'action sur le plan relationnel s'élargit, et la volonté pourra ainsi puiser des ressources là où le karmique n'osait pénétrer par crainte de la déviation.

Karma du Verseau : le problème majeur de ce karma est de pouvoir contrôler la phase de désincarnation et de maîtriser l'émancipation, ce qui revient presque à dire qu'il faudrait que le karmique ne s'échappe pas trop vite de son karma, sorte de processus inverse à la thérapie courante. En effet, les karmiques du Verseau semblent libérés de cette entrave et évoluent comme s'ils avaient accompli le parcours initiatique, et comme s'ils s'étaient affranchis de la recherche sur soi, comme s'ils étaient vierges de legs héréditaires et débarrassés de messages génétiques – ce qui les amène généralement sur des terrains neufs où ils peuvent se mouvoir comme bon leur semble. On peut remarquer dans la vie courante que ces natifs sont très indépendants, autonomes et libérés, qu'ils sont portés sur le progrès, le futurisme, la chute des barrières relationnelles et sociales, des dogmes ou des valeurs traditionnelles, sans pour cela faire campagne pour les anéantir. La précocité de l'émancipation les pousse vers des espaces très divers mais généralement larges et non confinés dans un domaine trop étroit, car l'effet du karma libéré les fait tournoyer loin de son champ d'action initial, un peu comme si ces natifs avaient peur inconsciemment de revenir dans l'œuf karmique et évoluaient loin de cette possibilité de retour. Dans la vie quotidienne, cet effet contre-karmique favorise une indépendance et une liberté farouches, un besoin d'espace et de multitude, une recherche continuelle d'amélioration de leur condition et de leur adaptation à la vie pratique, favorisant, bon gré mal gré, un détachement vis-à-vis des liens et des convenances. Ce détachement peut s'assimiler à une fuite éperdue des points d'ancrage héréditaires et à un besoin de vertiges intellectuels, spirituels ou relationnels. Il crée ainsi un fossé humain dont les natifs n'ont aucune conscience et dont ils ne souffrent généralement pas, mais dont les séquelles rejaillissent de l'extérieur sous forme d'incompréhensions morales, d'antagonismes soudains, de partis pris militants, d'intolérance et d'inconséquence, voire d'isolement caractériel ; de cet ensemble découlent ensuite des ruptures ou des prises de position radicales. Le natif réagit souvent comme si on avait attenté à sa liberté ou à sa façon de penser car il rejette toute contrainte qui ne vient pas de son propre libre arbitre, et il fuit dès qu'une idée d'enfermement ou de restriction survient. Le travail du thérapeute va consister à l'aider à maîtriser la peur de la source originelle, tout en consolidant son identité épanouissante, ainsi qu'à lui faire admettre les nécessités de certains engagements aménagés avec souplesse. La crainte à l'idée d'un changement mental et d'une redistribution de l'éthique sera la force à vaincre, surtout que les sursauts de ces karmiques sont généralement vifs. En effet, la peur de l'étouffement matriciel peut les amener à trouver eux-mêmes la thérapie à appliquer, leur potentiel humain leur permettant largement cette prouesse, et c'est pour cela que l'on trouve peu de karmiques du Verseau en cabinet de consultation. L'amélioration de leur état – on ne peut ici parler vraiment de libération – implique une souplesse d'utilisation du sens de l'évasion et de l'affranchissement avec des décloisonnements moraux pouvant être salutaires et contribuer à doubler la puissance de la perception de l'espace et des applications sociales en découlant : le prosélytisme devient moins acharné ou militant, les clichés et les étiquettes permettant de classer le positif et le négatif se diluent dans des considérations moins sectaires car le natif sait modérer son approche psychologique sans clivages instinctifs. Il en résulte là aussi un épanouissement du champ d'action avec bénéfices à la clef, surtout sur les plans intellectuel et spirituel.

Karma des Poissons : le problème majeur de ce karma est de désactiver la normalisation de la souffrance, de pouvoir scinder le courage et la soumission. Nous pourrions comparer cela à l'image d'un individu qui parle du soleil comme s'il le côtoyait tous les jours sans l'avoir jamais vu, mais dont l'absence devient d'une telle réalité banalisée qu'elle compense ce manque : ce n'est pas un aveuglement ni de la naïveté, mais de la sublimation pure et simple. Le karmique des Poissons vit un chemin de croix éprouvant comme un parcours imposé devenu normal, ne serait-ce qu'à cause de la sensibilité et de l'émotion permanentes l'obligeant à rehausser le seuil de la douleur pour ne pas se figer dans l'œuf trop intense du karma. La pseudo-justification de l'épreuve favorise l'humilité et la pudeur si caractéristiques de ce signe des Poissons, ces vertus contribuant aussi à masquer le véritable cœur de la personnalité, cette dernière devenant glissante, furtive, fuyante ou nébuleuse avec des états d'âme en dents de scie ne permettant pas de prise psychologique pour autrui, encore moins pour le thérapeute. Le travail consistera à démystifier la souffrance pour mieux l'acheminer vers la rédemption car ce parcours karmique est le plus initiatique de tous, ces natifs sachant pertinemment qu'il y a une vérité salutaire à découvrir au bout de ce purgatoire. Les envolées karmiques peuvent subir des déviations, sortes d'échappatoires temporaires anesthésiant quelque peu la quête vagabonde axée souvent sur la religion, l'univers mystique, le monde humanitaire ou préventif, le monde artistique, le don de soi, etc. Ces stations peuvent aussi constituer des bases importantes d'émancipation mais, généralement, il subsistera dans ce cas une portion non résolue, donc encore en gestation, qui pourra être soumise ou utilisée par exemple pour favoriser la ferveur, la croyance ou l'abandon. On serait prêt à croire que ces karmiques ne sont jamais émancipés totalement, et c'est vrai car, s'il existe des vérités salutaires et libératrices, elles s'apparentent à des images saintes ou divines que le temps viendra dissoudre, obligeant le karmique à prendre son bâton de pèlerin pour parcourir de nouveau des chemins tortueux. Dans la pratique psychothérapeutique, il faudra que le karmique se détache des chants des sirènes ou ne se fige pas dans la vénération d'une vérité bien que ce soit pour lui un passage quasi obligé ; il faudra lui apprendre à ne pas voir les dieux à chaque carrefour de ce parcours, et l'acheminer d'abord sur cette assimilation d'une possibilité de dérive, ce qui ne sera pas une mince affaire. L'émancipation ne sera donc jamais totale mais permettra la diffusion des forces uniquement vers l'épanouissement d'un bonheur, quel qu'il soit, et non une répartition de ces forces entre le courage face à la douleur, la volonté de réalisation, la notion de souffrance et de privation s'alliant dorénavant à une prolifération de l'amour ou à un sens positif de la masse humaine et de ses besoins, de ses carences, de ses possibilités et de ses forces.

Enfance, adolescence et inclination sociale

Si le karma devient décelable à travers les crises et les bouleversements qu'il provoque à maturité, s'il devient identifiable à travers les symptômes, les faits et effets, les penchants et leurs réalisations, il n'en est pas de même durant la jeunesse, où il n'est qu'en gestation généralement tranquille sur le lit douillet de l'insouciance. Pourtant, les bribes de la signature karmique sont souvent en orbite autour de la vie de l'enfant. Cela ne veut pas dire qu'il y ait un quelconque danger ou que si bébé pleure ou a peur la nuit c'est à cause de son karma, mais disons que certains éléments peuvent permettre de déceler au moins la source karmique.

Le karma de l'enfant

En élevant la carte du ciel natal de l'enfant, un astrologue distinguera les sphères prioritaires et essentielles du sujet, ses destinations sociales, professionnelles, affectives et peut-être karmiques, les pathologies, le potentiel physique, etc. Que reste-t-il aux parents de l'enfant devenu le pilier de leurs vies ? Il leur reste tout, car rien n'est usurpé, volé ou spolié. La carte du ciel de bébé n'est que le reflet d'eux-mêmes à travers un amour concrétisé par cette naissance. L'astrologue a une autre façon d'aimer leur enfant, en le projetant du ventre de sa mère vers l'espace humain, et en montrant du doigt l'étoile en haut devenue son propre miroir. Amour des parents qui observent son microcosme, ses manières, ses habitudes, ses évolutions et ses victoires, mais inquiets de mieux connaître et pénétrer son esprit, son âme et ses vocations futures à travers sa lente progression, ils restent vigilants face aux aléas courants de la vie en tentant de fertiliser le maximum d'équilibre autour de leur progéniture, attentifs à ses moindres problèmes, et guettant les dangers et obstacles éventuels pouvant jalonner le parcours de l'enfant. Tous les parents ou presque ont l'attention focalisée sur le maintien d'un équilibre familial et social, et contribuent à améliorer leur confort vital comme un tremplin qui sera nécessairement favorable à bébé plus tard, sorte de réserve d'atouts essentiels pouvant amoindrir les risques d'erreur, de dérapage ou d'échec. Qu'en serait-il s'ils avaient en plus la vision de leur enfant projeté dans un grand tout, dans l'univers, dans un décor pouvant leur inculquer l'idée d'un cheminement, d'une identité future... ? Cela découlerait sur une maîtrise puissante de la vie de cet enfant par cet alliage d'amour, de tendresse, de prévention et du regard surélevé de l'astrologie planétaire permettant d'évaluer avec fiabilité le potentiel général de celui-ci, sorte de brassage amour-vérité favorisant quelque chose de beaucoup plus complet, ne serait-ce que les possibilités de prévention : cela ne veut pas dire que l'amour des parents est insuffisant, loin de là, mais il faudrait qu'ils soient parallèlement un peu astrologues...

Repérer une origine karmique chez un enfant ne donnera rien sur le plan pratique puisqu'il faudra attendre l'éclosion des effets positifs ou négatifs avant de conclure ou d'agir, et il n'est pas question de s'engager dans une chasse aux sorcières non plus mais partager une vision du personnage avec deux vues différentes se complétant très souvent bénéfiquement.

Au cours de mes entretiens avec des mères de famille, je leur expose ma vision de leurs enfants et de ce qu'ils tendent à être, quel que soit leur âge. Il ne me manque dans ce tableau que l'amour que je ne peux donner comme elles le donnent à leur progéniture, mais je ressens fièrement le bienfait que je leur procure avec cette perception parallèle qu'elles captent avec tendresse et intelligence, comme une surélévation de leur amour à l'aide d'un ascenseur ésotérique qu'elles ne pourraient utiliser sans moi... et moi sans elles et leurs enfants. Ce n'est pas la prouesse parapsychologique qui est importante, mais le transfert des messages du cosmos, du karma et de la nuit des temps que l'amour et la vie digèrent à travers la naissance d'un enfant, le pouvoir d'éclairer ce que notre matérialisme est honteusement incapable de gérer, et de délocaliser une petite vie pour en construire une plus grande et plus forte. La démarche des parents se fait à cause d'inquiétudes ou d'incompréhensions vis-à-vis de leurs enfants, mais jamais pour dépister un éventuel karma, ce sujet étant abordé généralement plus tard car ils ne recherchent que des explications ponctuelles et non prolixes leur permettant de comprendre et d'agir grâce à une analyse se situant obligatoirement hors de leur sphère émotionnelle. Ensuite ils approfondissent ce champ de vision extérieur en exploitant des informations neutres venant consolider leurs avis, améliorer leur pédagogie ou effacer des doutes en les situant comme témoins d'une vie leur appartenant indirectement mais aussi comme témoins d'actes dont les raisons se trouvent bien au-delà de leurs devoirs parentaux, tout en sachant qu'une grande part de hasard viendra contrevenir à ce qu'ils ont décidé.

Les analyses et les commentaires commencent autour de l'environnement de proximité de l'enfant, c'est-à-dire perception des autres, habitudes, manies, peurs, lubies, disponibilités et carences, etc., l'astrologue peignant l'identité de l'être humain généralement tel que les parents la perçoivent : comme un album photo grand ouvert sur les premières années, la projection pouvant donc être suivie facilement puisque c'est une description vérifiable dans la vie de tous les jours qui a aussi l'avantage de mettre les parents en confiance vis-à-vis de l'analyste ; il est crédible et fiable car c'est effectivement la vérité. Ensuite, grâce à cette confiance instaurée sur des bases cartésiennes, il va falloir projeter plus loin dans le temps la vie de cet enfant, le vieillir et faire porter l'attention des parents sur ses possibilités de parcours en précisant les éventuels grands carrefours sociaux et moraux du personnage, afin de mieux se préparer aux manœuvres de demain, ajoutant ainsi des chances d'harmonisation à la destinée de l'enfant. Ces analyses sont essentiellement préventives et ne constituent pas des atouts de taille aidant à la réussite, sinon il y aurait belle lurette que celui qui vous parle serait sur une île paradisiaque sous le soleil en sirotant tranquillement des cocktails exotiques.

Prévenir, c'est un peu guérir, et je pense que les parents exploitent convenablement ces analyses, surtout grâce au recul exigé, car l'amour a souvent le désavantage d'aveugler ou de dissoudre certaines facettes morales pouvant s'avérer cruciales sur le plan évolutif, et l'appui de l'astrologie planétaire ne reste, pour ces parents, qu'un atout psychologique et un remarquable outil.

Revenons aux identités planétaires et aux karmas qui en découlent : il n'est pas question d'étiqueter ni de classer, mais de comparer les images tendres que nous percevons de nos progénitures à travers leur comportement et leur caractère, aux vies karmiques possibles énoncées dans les pages précédentes, et de pouvoir se forger un avis afin de repérer le miroir karmique le plus plausible. Tous les enfants sont différents et ce serait une prétention grave et démagogique que de prétendre qu'ils entrent nécessairement dans l'un des centres karmiques : personnellement, j'attends d'en répertorier d'autres, mais je n'ai trouvé que ces douze images de karmas au cours de mon expérience d'analyste. Je pense que cette différence de personnalités est due en partie aux manières de se dégager de l'œuf karmique, manières qui débouchent sur des réactions diverses, positives ou non, comme un écran caractériel et psychologique fictif qui masque le vrai débat karmique.

Au cours de son enfance et de son adolescence, un individu va manipuler des clefs ouvrant des boîtes à images, images diverses et instables qu'il va trier au fur et à mesure de sa maturité. Comme tout le monde, il va épurer ce décor disparate en rejetant ce qui ne l'intéresse plus et en se concentrant sur ce qui lui semble essentiel à travers jeux, sports, loisirs, relations, études, etc. Tôt ou tard, l'individu va donner nettement la priorité à ces images restantes, en les exploitant par une concentration d'efforts et de plaisirs, de par le besoin de se construire une identité. Cela ne veut pas dire que ces choix seront définitifs, mais en maniant l'analogie nous pouvons élaborer ce que sera globalement la sphère sociale et affective de l'intéressé : une mère pourra ainsi comprendre les inclinations futures de son enfant en faisant l'analogie du présent avec le futur à travers donc les priorités actuelles, qui ne sont qu'une ébauche de tremplin mais qui peuvent être significatives de ce que sera le décor de demain.

■ Le karma de l'adolescent

Les signatures planétaires favorisant des poussées karmiques vont commencer dès l'adolescence à dessiner une voie du destin en procédant donc par des choix prioritaires mais aussi par des éliminations progressives dues à l'épuration des images pouvant laisser perplexes les parents à cause de ces revirements soudains et du manque de repère quant à une vraie vocation, même globale. L'analogie du présent peut donc projeter les images de demain et aide beaucoup de mères ou de pères à aiguiser leurs intuitions quant aux possibilités de leur enfant et aux angles précis des retombées sociales et professionnelles, en sublimant quelques instants leur amour et leur instinct protectionniste pour avoir la force de projeter cet enfant dans l'espace, dans la multitude et dans le temps avec ses habits et ses apparats du présent. Un problème important peut être aussi très significatif de la demande en gestation ; un blocage psychologique peut être souvent une révélation cachée ; une obstination contraire aux intérêts de l'enfant peut masquer une démystification nécessaire ou urgente ; un climat conflictuel peut être un message crucial émanant d'une source que l'enfant ignore mais qui le pousse à agir ainsi. La réaction immédiate est de résorber ce problème rapidement avec les outils légués par nos ancêtres et officiellement approuvés par notre société : autorité, rigueur, force, légalité et discipline. Ces vertus sont nécessaires mais elles ne doivent pas corrompre le rôle de guide virtuel qui nous incombe car nous avons tendance à fuir face à un problème profond ou à brandir la force pour pallier notre ignorance, ce qui a pour effet primaire d'isoler encore plus l'adolescent dans sa brûlure et surtout de le laisser seul gestionnaire responsable d'une gestation qu'il ne demande qu'à émanciper. Ces réflexes sont certes nécessaires mais il faudra aider l'intéressé à exorciser ces messages issus de l'inconscient, en profitant de l'avantage psychologique évident que notre maturité nous a forgé, car combien de vocations, de carrières, de destins, de potentiels et d'espoirs ont été ainsi brisés et déchiquetés en vertu d'un symptôme ou d'une carence ! Je pense à ceux chargés de guider et d'éduquer sur des critères trop liés à la discipline et à l'intelligence, qui décident de l'orientation d'un enfant livré temporairement à leur ignorance du problème concerné ; je ne désigne pas une caste ou un corps mais tout un système. Albert Einstein ne marchait pas, et ne parlait pas, à trois ans ; il n'aurait pas pu devenir l'un des grands génies du siècle au regard des critères éducatifs actuels et, dans un sens plus modeste, celui dont vous lisez ces lignes aurait dû être le cas social dans lequel il a été relégué par ces chères têtes pensantes officielles.

Deux exemples d'analyse karmique

Je vous propose deux exemples d'adolescents éprouvant des blocages et des problèmes analysés à partir de leur carte du ciel natal par le système des signatures planétaires et karmiques, analyses expliquées sous forme de dialogues permettant une meilleure compréhension des origines karmiques.

Le premier exemple est Jérémy (carte 13, voir page 112), 14 ans lors de l'analyse, qui fugue et se met en totale rébellion contre ses parents, adoptant un mutisme total et des réactions imprévisibles depuis quelques mois. Il est natif du Scorpion avec ascendant Vierge, donc Mercurien du Scorpion (**A**).

Entretien avec Jérémy

Moi : Tu as des amis en qui tu peux avoir confiance et à qui livrer tes problèmes ?

Lui : Non, à part ma sœur aînée sur qui je peux compter. *(Vénus en Balance en Maison 3 [**B**], secteur des frères et sœurs.)*

Moi : Pourquoi essentiellement ta sœur ?

Lui : Parce qu'elle me comprend et qu'elle ne me reproche rien. *(Vénus est en Balance [**B**], signe de la conciliation et de la diplomatie, mais elle n'entre pas dans les dominantes de Jérémy, donc elle est inactivée et prend une image féminine, Vénus, transférée sur un proche – Maison 3.)*

Moi : Pourquoi ne parles-tu pas à tes parents, pourquoi les fuis-tu ?

Lui : Mon père est sévère et il s'énerve dès qu'on ne pense pas comme lui. *(Son père est désigné par le Soleil en Scorpion [**C**] en conjonction à Uranus dans le même signe [**D**], favorisant une image impulsive et violente elle aussi transférée sur un proche de sexe mâle, Soleil et Maison 3, image qu'il aurait voulu s'attribuer, mais hélas ces deux planètes n'entrent pas non plus dans la dominante.)* Ma mère dit comme lui, elle ne veut pas s'engager et créer des partis ; en plus, elle sait que mon père est rancunier et elle a peur de ça… *(Sa mère est désignée par la Lune en Vierge [**E**], inspirant à l'adolescent une sensation de retrait et d'impuissance, Vierge, vis-à-vis du père, Scorpion, ce qui l'incite à transférer ses propres carences sur ses géniteurs.)*

***Moi* :** Ne crois-tu pas que tu es toi-même sévère dans ce jugement ?

***Lui* :** C'est comme ça ! Moi je n'ai pas demandé à naître, moi je suis libre ! *(Réaction digne d'un Mercurien du Scorpion qui réfute la responsabilité de sa conduite en la déchargeant sur le destin.)*

***Moi* :** Tes parents m'ont dit que tu aimais faire du sport, que tu étais même très doué dans certains domaines…

***Lui* :** Je fais de la planche à voile et de la plongée. *(Sa signature en Scorpion, signe d'eau, l'attire vers la mer dans un sens mercurien, c'est-à-dire à base de circulation et de va-et-vient, comme cela aurait pu se faire en bateau. La plongée relance une recherche d'absolu, d'invisible ou d'inaccessible dans un monde muet pouvant s'apparenter à un repli sur soi, sur sa profondeur ou ses souffrances car cette signature mercurienne en Scorpion [**A**] est située à un angle crucial de la carte du ciel, la Maison 4, secteur de la famille et de l'hérédité entre autres, cet angle intensifiant considérablement les effets de cette configuration planétaire.)*

***Moi* :** T'arrive-t-il de rêver parfois ? À quoi rêves-tu le plus souvent ?

***Lui* :** Je ne rêve que des scènes qui se passent la nuit *(influence du Scorpion, signe des ténèbres)* avec comme des tremblements de terre, des secousses, et j'ai toujours du mal à marcher *(même influence du Scorpion, signe des volcans, des enfers, etc.)* et cela m'empêche d'aller nager dans la mer car je tombe à chaque fois mais les autres personnes autour de moi ne tombent pas, elles, il n'y a que moi qui tombe *(l'importance de sa signature planétaire est significative, Mercure en Scorpion [**A**] l'incite inconsciemment à se considérer comme faible, pas comme les autres, handicapé, malchanceux et délaissé dans son épreuve)*. En plus, j'ai comme les jambes molles qui n'ont plus de forces et j'ai mal quand je me relève *(sensation mercurienne du Scorpion figurant un handicap, une tare, une amputation, etc.)* et les gens se moquent de moi et s'en vont *(sensation identique de rejet, de ne pas être aimé ni compris)*. Je me réveille ensuite comme dans un cauchemar, en sueur, puis je me rendors. C'est un rêve que je fais souvent.

***Moi* :** Que voudrais-tu faire comme métier plus tard ?

Lui : Je ne sais pas mais je veux être dans la nature, à la mer, dans la pêche ou piloter des bateaux et partir faire le tour du monde.

Moi : Tu sembles assez doué en maths et en physique, tu n'as jamais pensé devenir plutôt constructeur de bateaux, architecte naval ou armateur ?

Lui : Si, mais moi je veux faire le tour du monde en premier…

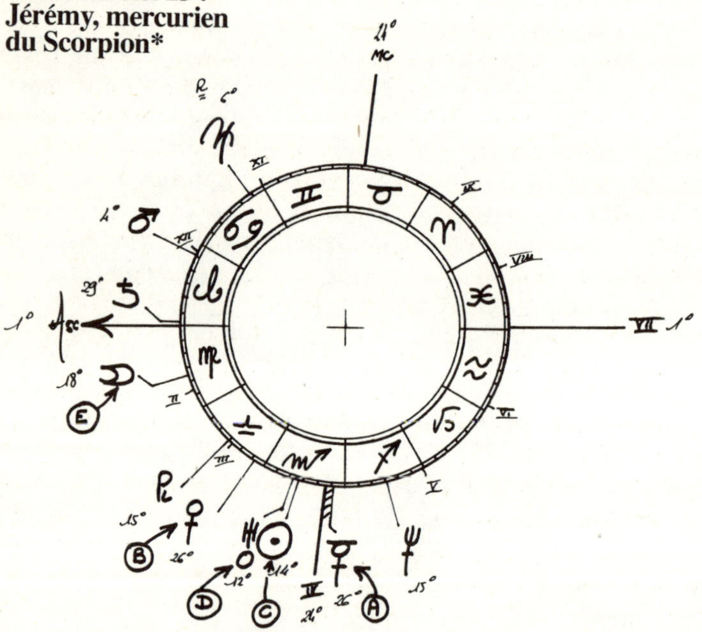

Carte du ciel 13 : Jérémy, mercurien du Scorpion*

Cet adolescent très remuant a son karma fixé en Scorpion, centre de la Force, et se débat déjà avec les prémices d'une situation qui ne fera que s'accentuer, ses actes actuels n'étant que des échappatoires qui ne savent contenir la force du dedans. C'est un personnage qui cherchera à se surpasser continuellement à travers des prouesses sociales, mais aussi à se pousser vers des retranchements lui favorisant une meilleure compréhension des messages karmiques, c'est-à-dire de sa personnalité à naître.

*Les aspects planétaires sont ici inexistants afin d'éclaircir la carte du ciel.

Je conseille à ses parents de maintenir une certaine pression autoritaire, mais aussi de casser les routines et les habitudes éducatives, ce qui aura pour effet de désamorcer les clichés qu'il cultive dans le domaine parental et familial, et l'obligera à recréer une autre stratégie défensive et à changer son campement de place : les ennemis ne sont plus en face, où sont-ils donc ?

Cette crise et ses effets peuvent aider Jérémy à bien se prouver qu'il est différent, incompris et rejeté, surtout si l'autorité le condamne, consolidant ainsi l'image qu'il a de lui actuellement, ses écarts de légalité montrant bien que ce n'est qu'un paria. Les parents ne doivent pas, dans ce cas, agir par la force car la Force c'est lui. Les parents sont, eux, dans mon cabinet, impuissants devant ce rebelle né. Ils doivent banaliser le plus possible les actes de leur fils, c'est-à-dire supporter ses attitudes comme s'il était tout à fait normal et que tous les adolescents étaient ainsi, ce qui aura progressivement pour effet d'inciter Jérémy à rechercher une autre image de lui-même puisque la sienne devient banale, et donc à le déplacer vers d'autres découvertes de lui-même.

Chez les karmiques du Scorpion, il faut absolument éviter la fixation et le conflit figé ; les parents doivent éviter d'être une belle cible qui se rapproche encore plus nettement quand ils usent de la force, de l'autorité et de la convenance. Je sais qu'il est très délicat d'agir ainsi car le laxisme n'est pas loin, mais l'amour des parents peut faire la différence car eux aussi découvrent alors leur enfant par leurs propres efforts.

Cet adolescent sera plus tard très attiré par les sciences d'investigation mentale pouvant être liées à un pouvoir manuel et à une dextérité : médecin, biologiste, chercheur, architecte spécialisé, vétérinaire, etc., bref, ce qui pourrait être en rapport avec l'indépendance sociale, un besoin de recherche et d'analyse dans un monde naturel. Ce karma devrait s'émanciper relativement tôt grâce à cette signature de Mercure mettant souvent l'accent sur l'adolescence, en bien ou en mal, voire les deux.

Entretien avec Nadia

Le deuxième exemple c'est Nadia, 16 ans lors de l'analyse, qui n'a pas de problème d'impulsivité, bien au contraire puisqu'elle manque de motivation et éprouve des blocages de communication en classe en restant isolée lors des échanges, débats et concertations, isolement qui persiste la mettant au rebut de sa classe alors qu'elle se situe dans une bonne moyenne générale. Ce qui laisse les parents perplexes, c'est que Nadia n'est pas timide à l'extérieur des cours et entretient des amitiés comme les autres jeunes filles de son âge. Elle est incapable d'expliquer ce complexe de timidité ; elle travaille bien et ses professeurs ont pris le parti de la laisser « décanter » dans son mutisme. C'est une native du Bélier qui, au regard de l'astrologie populaire, devrait être énergique, extravertie et battante. Ce n'est pas le cas car cette partie du Bélier regroupe trois éléments (**A**) – Soleil, Mars et Vénus – qui ne sont pas activés car positionnés hors des signatures planétaires. Ces influences actives et téméraires n'agissant pas sur elle pour cette raison, elle transférera l'énergie latente sur une autre image – qui pourra être celle d'un futur époux plein de vitalité et d'esprit d'entreprise (présence de Mars proche du Soleil en Bélier) ou sur des amis actifs ou sportifs, voire sur une clientèle, un public ayant une énergie quelconque à recevoir, donner, acheter ou vendre (ces trois éléments sont situés en Maison 11, secteur des amis, des relations, de la clientèle, etc.). Cette précision importante ayant été abordée, pourquoi cette timidité et ce blocage uniquement en classe ?

Nadia a un ascendant en Cancer lui conférant deux signatures planétaires importantes : c'est une Lunaire du Capricorne (**B**) et une Jupitérienne de la Balance (**C**) par cet ascendant Cancer. Nous avons ici deux possibilités d'ancrage karmique : en Balance (centre des Autres) ou en Capricorne (centre de l'Essentiel), cette dernière hypothèse me paraissant plus plausible, ne serait-ce que par l'apparence physique de Nadia : grande et très mince, visage ovale et osseux, mains froides, habillement très sobre, etc., ce qui semble provenir d'un karma du Capricorne, du moins en partie.

***Moi* :** Que ressens-tu en cours ? Tu t'ennuies ou tu n'arrives pas à suivre ?

***Elle* :** Non, je ne m'ennuie pas et je suis bien les cours, mais je me sens hors du coup et ridicule quand il faut participer. Je dois être timide quelque part.

***Moi* :** Pourtant, tu n'es pas timide avec moi ni en dehors de la classe ?

***Elle* :** Je sais... Mais en classe je panique, je ne suis pas bien, je suis mal à l'aise...

Moi **:** Tu as donc peur de quelque chose pendant les cours ?

Elle **:** Oui, j'ai toujours peur et je me rétracte sur moi-même, j'étouffe…

Moi **:** Tu sembles bien travailler et suivre une évolution normale. De quoi as-tu peur puisque tu as de bons résultats ?

Elle **:** Je ne sais pas mais je me sens toujours inquiète, surtout quand il faut parler ou répondre à des questions.

Moi **:** Je crois que tu vis dans la peur d'être prise en défaut.

Elle **:** Oui, c'est ça, j'ai toujours peur de mal faire ou de me tromper.

Moi **:** Tu ne participes pas car ton énergie est trop occupée à surveiller ce qui pourrait te mettre sur la sellette, et surtout à prévoir ce que vont être les faits et gestes des professeurs, à prévoir leurs éventuelles réactions.

Elle **:** Oui, j'ai comme une crainte de l'autorité qui me paralyse complètement.

Moi **:** C'est une peur d'être condamnée, de ne plus être dans les normes ou de perdre la confiance de ceux dont tu as besoin pour progresser et vivre. Il va falloir que tu descendes dans l'arène sans perdre confiance en toi, Nadia…

Elle **:** Je ne savais pas pourquoi j'avais si peur *(elle pleure)*, je crois que c'est cela, il faut que je fasse des efforts, je sais…

Moi **:** Il faut que tu apprennes aussi à maîtriser les doutes que tu as sur toi-même sans les transférer sur les autres parce qu'ils t'encombrent et que tu ne sais plus quoi en faire. C'est d'abord la confiance pour te projeter dans la communication sans avoir peur continuellement de te tromper qu'il faut gagner, tu ne dois plus craindre l'autorité à travers d'éventuelles erreurs que tu amplifies à outrance de peur d'être lâchée et montrée du doigt…

Elle **:** Je sais… mais personne ne m'en parlait *(elle continue à pleurer)*.

Moi **:** Maintenant, tu vas commencer à participer progressivement aux cours sans impulsion brutale ; tu apprendras à t'écouter parler sans que la panique de te tromper te submerge ; tu vas progresser très vite, Nadia.

Elle **:** Je vais le faire, je promets de le faire, je le veux aussi *(elle pleure)*.

Carte du ciel 14 :
Nadia, lunaire du Capricorne et jupitérienne de la Balance*

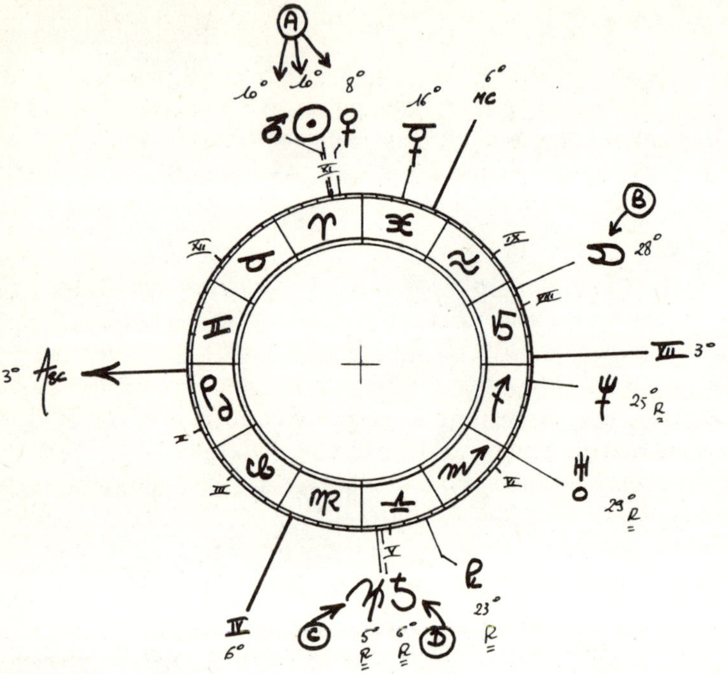

Grâce à la carte du ciel natal, nous pouvons élaborer un diagnostic de l'effet karmique très rapidement avec l'expérience. Nadia (carte 14) est donc une Lunaire du Capricorne (**B**), signature planétaire qui semble prépondérante et qui engendre une gestation d'un karma dans le même signe. Elle est donc assez grande et mince (Capricorne), de nature assez sobre, et elle présente aussi des problèmes alimentaires (Lune, la gestation, en Capricorne, la sobriété et l'essentiel, en Maison 8, secteur des crises, des épreuves, entre autres).

Cette première signature, assez difficile (elle est aussi née prématurée et ses parents ont failli la perdre, sens de la Maison 8), l'incite à une rigueur et à une austérité autosuggestive faisant d'elle une miraculée tolérée par les autres et surtout par l'auto-

*Les aspects planétaires sont ici inexistants afin d'éclaircir la carte du ciel.

rité, d'où ce besoin d'effacement car elle ne se sent pas en règle « quelque part », comme elle dit.

En plus de la dureté de cette première signature vient se greffer une deuxième : c'est une Jupitérienne de la Balance (**C**), ce qui lui confère le respect et la soumission par la crainte de l'autorité dans ce signe de la justice qu'est la Balance, Jupiter étant conjoint à Saturne (**D**) dans le même signe, ajoutant ainsi des intensités saturniennes avec le signe du Capricorne.

Cela fait penser à une naissance qui ne s'est pas encore produite et qui se fera vraiment aux âges jupitériens et saturniens, c'est-à-dire entre 36 et 45 ans globalement, période où elle donnera le maximum de ce potentiel important. Nadia est attirée par les professions du monde social et sanitaire (Lune en Capricorne [**B**]) car elle désire aider les autres et les soulager (Lune en Maison 8, secteur des dangers), dans des complexes municipaux ou régionaux, des collectivités locales, etc. Ce besoin de grands ensembles, d'infrastructures imposantes, reflète son insécurité et la nécessité de se protéger derrière les totems de l'autorité, dans l'ombre de leur puissance et de leur légalité. C'est un secteur professionnel qui lui convient parfaitement, surtout s'il allie des palliatif axés sur la carence de l'être humain car elle semble effectivement vouée à l'essentiel par le don de soi (Lune en Capricorne en Maison 8).

Comme nous l'avons vu avec Jérémy et Nadia, il existe une correspondance assez étroite entre les premiers effets karmiques et des points de chute sociaux. Correspondance pouvant être maniée par l'analogie avec un peu de psychologie car tout le monde n'est pas astrologue, c'est bien dommage…

On ne pourrait pas énumérer les correspondances karmas-métiers-impacts sociaux car le karma étant par essence complètement abstrait, le cheminement d'une logique cartésienne pourrait s'avérer dangereux, d'autant plus que ce karma peut être figé dans d'autres signes que celui du Soleil, donc de notre signe de naissance, comme nous l'avons remarqué chez Nadia.

En utilisant les centres karmiques, en comparant ces définitions symboliques aux symptômes sur le terrain, et en maniant l'analogie, nous pouvons parvenir à une synthèse qui peut être une approche assez souple et efficace sans trop de risque d'erreur. Ce système peut favoriser une vue surélevée du cas en question, permettant d'appliquer la thérapie appropriée ou du moins d'en cerner les contours car le premier avantage de cette astrologie planétaire et karmique est de voir et de comprendre autrui sous un angle inconnu. L'amour, la tolérance, l'humanisme et la psychologie peuvent constituer pour le néophyte l'essentiel des outils qu'il s'évertuera à faire progresser avec l'expérience et la passion.

■ Naissance karmique et cycle lunaire

Qu'en est-il de la durée de gestation ? Combien de temps durent ces crises ?

Dans le cas d'une gestation karmique positive, c'est-à-dire une évolution se passant sans contradiction psychologique et sans répercussion négative sur la vie de son possesseur, cette gestation se passe lentement et le natif va recueillir progressivement au cours du temps les fruits promis par son legs karmique. Il ne sera pas question de durée mais plutôt de quantité et de qualité : tout ce qui sera à amasser sera fait sans problème d'accès puisque le karma sera à portée de main ou bien même totalement ignoré par l'individu qui souvent pense que ce don est le fruit de ses efforts – ce qui est vrai –, ou alors un acquis de l'expérience – ce qui est faux. Je n'affirme pas que ces karmiques poursuivent leur petit bonhomme de chemin tranquilles et sans problème, mais je dirai que cette initiation presque prédigérée leur permet un accès privilégié sur la quasi-totalité de leur potentiel.

Dans le cas d'un karma plus difficile incluant recherches, crises, bouleversements, déstabilisations, etc., le bénéfice à acquérir est à la mesure de l'intensité de l'épreuve qui peut se scinder en plusieurs périodes distinctes comme un premier accès suivi d'une amélioration, puis d'un deuxième entraînant de nouvelles crises alternées avec une période paisible, puis d'un troisième accès, etc. L'échelle karmique redouble bien sûr d'intensité au fur et à mesure du parcours, visant une émancipation complète, un peu comme si le karma se morcelait par bouts, le karmique espérant être arrivé à terme de cette démystification à chaque fois, ce qui est inexact : un karma entamé doit être achevé par n'importe quel moyen. Mais n'oublions pas que la souffrance est à la mesure de la richesse à exploiter ensuite ; je connais beaucoup de karmiques émancipés qui peuvent en témoigner. La durée des accès – accès karmiques pouvant se comparer à une sorte d'activation brutale – dépend globalement de nos cycles lunaires, qui durent de deux à trois années et qui alimentent en grande partie cette mise en activation de la gestation karmique.

Qu'est-ce qu'un cycle lunaire ?

Un cycle lunaire est une progression symbolique de la Lune dans un ordre précis sur les éléments de la carte du ciel natal activant, au cours de son mouvement, ce qui était resté latent, confiné, diffus ou sous-jacent depuis notre naissance. Le calcul de ces cycles est très simple et accessible à tous, mais leurs interprétations demandent de l'expérience en astrologie.

Karmiques et non-karmiques sont soumis à ces cycles lunaires. Pour les premiers, cette progression lunaire activera tôt ou tard un éveil karmique qui durera plus ou moins longtemps selon la vitesse de la Lune et selon l'intensité karmique en sommeil. Pour les deuxièmes, cette progression lunaire alimentera automatiquement les acquis eux aussi en sommeil sans donner l'impression d'un travail inconscient et profond. Cela ne signifie pas que si on commence à être mal dans sa peau, si on est dépressif et perturbé, cela va durer entre deux et trois ans, comme un chemin de croix dont on biffe au fur et à mesure les jours sur le calendrier… L'entrée d'un cycle lunaire dans une zone sensible de la carte du ciel natal entraîne l'activation de points névralgiques qui vont mettre le natif à contribution, selon le potentiel de naissance qui est soumis aux signatures planétaires*.

Ces activations alimentées par ces cycles lunaires peuvent alterner avec des périodes calmes mais relativement courtes en regard des périodes actives et, si nous faisions le bilan après un cycle lunaire complet, nous aurions du mal à cerner combien de temps il a duré vraiment. Il est aisé de dater le début et la fin d'un cycle, mais notre notion du temps est décalée par rapport au temps lunaire et même solaire, ce qui rend l'appréciation de la durée assez difficile. Quoi qu'il en soit, il y aura une alternance de travail intérieur avec des phases plus aérées permettant une première digestion des acquis, un peu comme une maladie

* Sur ce point *cf.* l'ouvrage de Georges Morin, *Guide de l'astrologie planétaire*, Éditions De Vecchi, 1996.

qui va se résorber puis de nouveau proliférer, même sous des pathologies différentes.

Chez un enfant, un cycle lunaire sensible ne va pas agir de la même façon que chez un adolescent car cette perturbation inconsciente ne va pas jouer véritablement sur un éveil karmique éventuel mais plutôt sur le plan de la santé, de la forme physique, avec des manifestations plus ou moins sérieuses selon les cas : si bébé, en naissant, présentait par exemple une sensibilité de la sphère ORL, le cycle lunaire incriminé déclenchera les pathologies liées à cette carence, et ce pendant toute la durée de ce cycle : angines, infection des amygdales répétée, rhinites, bref tout un processus étalé sur le temps, puis une disparition momentanée ou complète des symptômes, comme nous avons pu le constater pour nous ou pour nos proches. L'enfant va donc réagir dans ce sens, n'ayant pas une maturité psychologique permettant un effet de soupape : ce qui s'intensifie intérieurement reste confiné aux conditions du moment, les personnes âgées étant elles aussi dans le même cas.

Blocages et aide psychologique

Chez l'adolescent ou à la préadolescence, les effets des cycles lunaires pourront produire des retombées ailleurs que sur la santé ou le physique, quoique ce domaine soit de toute façon touché, de près ou de loin. Quand on parle de problèmes de croissance chez un adolescent, on sous-entend que grandir ne se fait pas tout seul et sans ennuis, qu'il y a une croissance des membres, du métabolisme, de la capacité physique, etc., mais aussi une croissance de l'intelligence et de la psychologie qui ne se fait pas non plus sans quelques inconvénients, comme si cette loi s'appliquait à un grand tout. Oui ! grandir, ce n'est pas si simple que cela ! Néanmoins il reste une zone obscure liée aux passages à vide de l'adolescence, qui n'est pas liée aux poussées de calcium… Je n'affirme pas que les cycles lunaires et leurs progressions expliquent tout, mais ils renseignent sur ces passages à vide mal cernés et traités souvent avec des thérapies conçues pour tout le monde. Ces cycles renseignent sur la manière de procéder et sur l'évaluation du passage à vide au niveau de la durée : c'est ce qu'on nomme des « blocages ».

Dans la vie quotidienne, un adolescent peut être équilibré, bien travailler en classe, bien s'épanouir sur un plan général, puis connaître brutalement des blocages : il change, il laisse perplexe, il s'enfonce dans des connexions mentales et psychologiques déroutantes, il se laisse abattre, il se décourage puis il se reprend puis se crée des problèmes nouveaux, etc. Ces passages à vide, perturbations liées aux cycles lunaires, donnent lieu à des blocages où le personnage va être isolé car il ne correspond plus à ce qu'il était ni à ce à quoi il aspirait auparavant, et on trouve cela beaucoup plus normal chez un adulte que chez un adolescent.

Le blocage peut se manifester sans grands artifices et se répercuter concrètement dans la sphère primordiale de l'adolescence : les études. Les motivations vont s'amoindrir, la rébellion va prendre le dessus d'une façon directe ou indirecte comme l'outil le plus proche de son esprit, et le chaos va faire le reste. La tutelle adulte va conclure sur la forme et non sur le fond car elle a besoin d'ordre et de marche à suivre, laissant l'adolescent de plus en plus isolé, donc confronté seul à son blocage avec les éventuelles séquelles socioprofessionnelles en découlant. L'astrologue thérapeute ne va rien pouvoir faire contre ce blocage mais il saura qu'il est alimenté par des gestations venant d'être activées ; il en déterminera le processus, les effets, la durée et la phase finale en évaluant les meilleures hypothèses de libération. Il pourra également énumérer les possibilités de soutien psychologique par les parents, en leur indiquant l'origine du mal et les palliatifs à appliquer car l'adolescent ne fait que ressentir les effets de ce blocage sans pouvoir lui-même l'expliquer, bien sûr. L'adolescent soutenu, compris et entouré va faire en sorte de mieux comprendre ce qui lui arrive au lieu d'être condamné. Il y aura enfin des témoins de ce qu'il vit intérieurement, ce qui aura pour effet de banaliser son cas et de le rassurer sur ses métamorphoses. Voilà comment nous pouvons comprendre, guérir ou soulager ces blocages qui font partie intégrante de l'évolution de l'adolescence sans pour autant trouver des solutions et des alternatives radicales pouvant être dangereuses, sorte de blessures qui auront du mal à cicatriser, comme beaucoup d'entre nous peuvent le savoir.

L'astrologie planétaire et karmique ne fait pas de miracle mais sert à mieux évaluer toutes les possibilités de prévention et de soutien psychologique durant ce genre de situation jusqu'à l'amélioration puis la guérison.

Le couple et l'amour, les batailles et les victoires

« *Le méditant découvre progressivement que l'amour de l'essentiel est le lien le plus inaltérable qui puisse unir les êtres et que le monde appartient à la sagesse joyeuse, aux passionnés d'harmonie et à ceux qui s'ouvrent immensément à la plénitude de leur Lumière intérieure.* » (G. Roux.)

Dans le domaine de l'amour et des unions, il y a les couples karmiques et les couples non karmiques, et je pense que tout le monde retrouvera son histoire affective dans cette petite définition.

La passion sentimentale n'est pas liée à l'un de ces pôles ; elle prend son essor où elle le sent et peut nicher chez l'un ou l'autre sans chercher des aptitudes adéquates et spécifiques. Seulement, il y a une question de perception de cette passion et de son utilité : la passion est une entité enviée et attirante, mais elle peut être encombrante et même très dangereuse car on ne peut la manipuler ni la maîtriser ; on la subit ou on l'exploite sans jamais savoir ce qu'elle va devenir. Une passion maîtrisée n'est plus une passion, hélas, c'est un fauve venant du cœur de la jungle enfermé dans la cage d'un zoo et asservi par les habitudes et les automatismes. Mais il n'est pas si mal de domestiquer quelque chose dont notre stabilité et notre expansion ont besoin. Cette perception de l'amour passionnel est différente chez les karmiques et les non-karmiques, ne serait-ce que dans son intensité.

Les couples non karmiques

Un couple non karmique sera beaucoup plus stable et régulier, et fera de la passion la base de la relation en évaluant parfaitement les risques et en contrôlant facilement les extrêmes, sorte de passion entendue et perçue sur les mêmes fréquences de part et d'autre. Ces couples ne sont généralement pas soumis aux fluctuations des tensions des partenaires, la relation même restant la base de leur motivation affective en constituant une bouée sûre qu'ils ne quitteront jamais, même si la passion disparaît. Nous connaissons tous des couples très tranquilles construits sur une entente sereine, qui peuvent manier l'amour et la passion sans risque de se brûler. Il est évident aussi qu'un non-karmique ne comprend absolument pas pourquoi un karmique peut être perturbé ou déstabilisé par ses propres tensions, alors que lui est pragmatique, rationnel et équilibré, et que son couple est géré comme une affaire plaisante qui lui semble nécessaire à l'épanouissement de sa vie. Ces couples se stabilisent très souvent par leurs goûts communs et leur complémentarité ; ils cherchent le côté essentiellement positif d'une relation, d'une union ou d'un mariage, et ils y parviennent en relativisant le climat passionnel. Ce qui ne veut pas dire que ces couples ont une vie sentimentale terne et désuète ; la quête de la vérité, de la profondeur ou d'une identité enfouie n'ayant pas lieu d'être, ils consomment tranquillement ce qui se trouve à portée de leur esprit. Ce sont, en général, des couples qui durent longtemps, n'ayant rien à retransmettre ou à approfondir sur le plan d'une gestation karmique.

■ Les couples à karmas inégaux

La deuxième possibilité de définition d'un couple est quand il est constitué d'un karmique et d'un non-karmique. Mais il ne faut pas s'imaginer que le vers est dans le fruit... Dans la pratique astrologique et karmique, c'est le cas le plus fréquent que je rencontre en analyse et en psychothérapie, car c'est celui qui fait le plus de dégâts sur un plan général. On ne peut décrire le scénario le plus fréquent car ce type de relation recouvre un évantail de possibilités très large, mais il met toujours en présence deux individus dont l'un va évoluer d'une manière ou d'une autre car il est karmique. Quand on aborde le problème d'un partenaire évolutif, cela prête à rire car on s'imagine un couple qui s'aime et un monstre intérieur qui sommeille on ne sait où, qui va surgir et dévorer ce grand bonheur de ses dents pointues en laissant l'autre partenaire comme la victime idéale digne des romans-photos.

Dans un sens inverse, quand on demande pourquoi ce couple qui semblait heureux s'est séparé, on nous répond que c'est parce qu'ils ne s'entendaient plus... point final. C'est vrai, ils ne pouvaient plus être heureux ainsi et ont préféré la rupture parce qu'elle fait partie des outils de première proximité et qu'elle peut même être gérée par un corps d'État officiel qui va aseptiser et régler ce problème en bonne et due forme.

Dans cette deuxième possibilité de relation, l'évolution karmique de l'un des partenaires est latente et va se déclarer progressivement au cours de la vie du couple, qui va connaître des tensions autres que celles normalement répandues et plus ou moins admises, comme un danger indécelable qu'on ne peut maîtriser par manque de compréhension et de repère psychologique. Le partenaire en gestation éprouvera donc des tensions et des passages à vide que l'on appelle des traversées du désert, qui l'obligeront à s'expatrier de l'union et de ses accords tacites pour se soulager, pour prendre du recul et mieux rechercher les causes de cette métamorphose. Dans le cadre de l'adolescence ou du célibat, cette guerre intestine paraîtra mieux acceptée et consentie car le scénario met en scène une seule personne prise dans ses problèmes qui vont diriger son histoire sans éclabousser autrui. Dans le cadre d'une union, il y a deux personnes et un contrat généralement tacite obligeant les partenaires à respecter leur engagement sentimental. Si l'un des deux perturbe de quelque façon que ce soit ce contrat, on va se retrouver à trois : le partenaire sage et équilibré, le karmique en gestation et l'union. L'union représente l'œuf dans lequel se niche l'amour des deux partenaires, défini sur des critères précis qui ont, par leur existence, créé cette union possible et réelle. Le réflexe mental dès le début des tensions sera de sacraliser brusquement l'union en la situant en danger de dissolution : elle existait déjà, maintenant elle vit, elle va prendre un visage humain et se révéler avec des formes précises que l'on ne soupçonnait pas, lui donnant ainsi une importance et une grandeur qui ne cesseront de s'intensifier durant la crise. Cette transformation de l'image de l'union va faire d'elle une cible plus grande et une victime bien appétissante de par sa vulnérabilité et de son impossibilité à se mouvoir. Le karmique, au cours de ses débats psychologiques, va contraindre les frontières de cette union à une extension maximale en provoquant facilement une brèche qui va modifier considérablement la texture et l'essence de la relation par cette arrivée de climats nouveaux, qui va focaliser l'attention du partenaire devenant le témoin du drame ou de l'accident affectif.

Je voulais expliquer par ce biais que beaucoup de gens dans ce cas ne me demandaient pas si leur partenaire allait s'en sortir, comment et quand, mais me demandaient si une séparation se profilait par l'irruption soudaine des remparts et des bastions de l'union restés dans l'ombre depuis longtemps créant ainsi un troisième élément qui existait bien dès le début mais ne bougeait jamais… Dans le cadre d'un contrat et d'un engagement commun, le partenaire karmique est généralement la principale cause des ruptures, mais on ne va pas le montrer du doigt car le rescapé du naufrage peut lui aussi être soumis à cette gestation plus tard… ce qui arrive assez souvent, et on ne saurait donner de remède à cette désintégration de l'individu affectif. Il est rare que le spectateur de la métamorphose assiste son partenaire jusqu'au bout de la gestation car il y a souvent déjà des cassures morales entamées et une disproportion des éléments affectifs de base, le karmique ne pouvant se libérer qu'en additionnant faits et gestes pour se débattre en occasionnant des torts par les fuites les plus à portée de son potentiel. Un partenaire karmique peut aussi s'apercevoir au cours de sa gestation que son partenaire ne correspond plus à ses idéaux en pleine mouvance, et que son évolution a créé un fossé énorme dans le couple, même dans le cas d'un travail karmique silencieux où aucun fait n'est venu ponctuer le malaise. Généralement, ce fossé ne peut plus être comblé pour deux raisons : la première est que l'évolutif ne veut pas régresser car personne d'entre nous n'a envie de rétrograder moralement et intellectuellement ; la deuxième est que le partenaire figé ne sera pas capable de rejoindre l'autre, n'ayant pas la poussée nécessaire à cela ou ne voulant ou ne pouvant pas évoluer sur les mêmes bases. L'accident affectif classique de ce processus de gestation est que le karmique rencontre un autre karmique, faisant éclore un adultère inéluctable où il va tenter de retrouver les sources de son identité par cette impression de correspondance karmique qui va le soulager mais qui ne sera qu'illusoire : le karma ne se délivre que seul, mais peut-être après bien des vagabondages moraux mettant en scène des situations et des personnages palliatifs. Le karmique n'est pas encore vraiment né, à l'instar du non-karmique lui dans sa forme définitive ; on ne voit pas comment la future image qui va naître pourrait se concrétiser par une complémentarité du couple mais c'est déjà arrivé... Dans la vie courante et sans affirmer que le karma est responsable de tout, il en résulte des déchirements affectifs, des trahisons, des désillusions, des chagrins et des ruptures que nous connaissons tous avec, au moins, un malheureux qui reste sans avoir trop compris ce qui s'est passé, et tente de trouver une définition de l'histoire pouvant être libératrice, avec les risques de dérapage que cela inclut.

Les couples karmiques

La troisième possibilité de définition d'un couple est quand il est constitué de deux karmiques, ce qui peut donner l'apothéose en matière de passion et d'amour ou le contraire, des ravages émotionnels terribles et des séquelles psychologiques se résorbant difficilement. Généralement c'est par l'irruption de la passion ou d'un coup de foudre sentimental que la fusion affective va commencer car la rencontre de ces personnages ne laisse jamais de marbre. La réception de cette passion va être intense et féconde, en partie grâce à l'idée que les partenaires se font de l'amour et des sentiments, et grâce aussi à leur quête continuelle de quelque chose d'amputé manquant à l'équilibre affectif. Deux karmiques qui s'aiment se retrouvent quelque part dans chacun de leur personnage comme la fin d'une errance malheureuse qui remonte à la nuit des temps, accentuant l'éventualité de vies antérieures ayant eu des concrétisations sentimentales positives ou non, ce qui est possible mais qui restera bien sûr invérifiable. Deux amoureux karmiques vivent dans la peur continuellement, peur de se perdre, peur de se tromper, peur d'une autre vérité cachée ou peur d'un anéantissement quelconque avec souffrance à la clef.

Comme nous avons vu la création d'un troisième élément, l'union, dans le paragraphe précédent, nous assistons avec deux karmiques, simultanément à la création de leur amour, à l'apparition d'un troisième élément : la peur. Cette peur souvent inconsciente sert à entretenir la passion comme un sacerdoce sacré et fragile, et fait partie intégrante de l'union ou de la relation comme un gardien vigilant des lieux. Elle ne constitue pas un danger pour l'évolution, bien au contraire. Les partenaires vont donc vivre pour la consommation et pour l'entretien de cette passion qui sera le cœur inusable du réacteur affectif à l'aide de cette crainte permanente de retomber dans la banalité, la conformité ou la routine de leur amour. Chaque partenaire est alors à un point de fusion très élevé de sa passion pour l'autre et cultive ce climat exceptionnel – qu'il n'a jamais connu et ne retrouvera certainement jamais ailleurs – un peu comme la chance unique de sa vie, correspondant à sa recherche karmique, qui sera considérablement favorisée dans ce cas.

Nous assistons donc à une passion sentimentale complète, ce qui donne ce genre de commentaires : « Jamais je n'ai été aussi amoureux d'une femme », « C'est la première fois que je suis si amoureuse, je n'ai jamais connu cela », « Je donnerais ma vie pour elle », « Je l'aime à la folie, je n'ai jamais connu un tel bonheur », « C'est la femme de ma vie, j'ai si peur de la perdre ! », etc. C'est un climat d'absolutisme sentimental qui s'instaure, créant une apothéose qui peut durer et se consolider par le biais de la crainte instinctive de ne jamais pouvoir connaître ce bonheur autrement, les deux karmiques s'étant retrouvés et unis dans un accord qui n'a que les principes de la nature, du jour et de la nuit, des saisons et de l'équilibre universel, leur amour leur étant dû après un parcours dans le temps, l'amour divin resté intact depuis la création de l'oxygène.

Malheureusement, beaucoup de couples karmiques n'ont pas eu la chance de connaître une apothéose stable et régulière et vivent dans l'errance morale que leur inflige leur inexorable recherche de ce paradis perdu. Un couple karmique peut se défaire mais jamais se dissoudre complètement, ne serait-ce que dans la survivance des intensités passionnelles qu'ils ont connues sans pareille ailleurs. Il peut rompre comme tous les autres couples pour diverses raisons, sauf celles impliquant la mort de son amour.

Souvent, la peur née de la relation peut engendrer un fatalisme phobique chez l'un des partenaires qui soutiendra à bout de bras cette crainte permanente bien au-dessus du bonheur dégagé, bien souvent à cause de l'intensité passionnelle prenant le chemin de l'irrationnel impossible ou même des interdits moraux, éducatifs ou psychiques. Alors que dans les autres cas, la rupture peut être envisagée comme une libération ou une solution, chez les karmiques elle constitue un déchirement que personne n'a voulu mais que les partenaires ont fabriqué de leurs propres mains. Ils sont à la fois victimes et bourreaux, induisant un véritable acte de terrorisme sentimental souvent alimenté par l'intensité même des karmas en cause.

Des partenaires karmiques séparés ne s'oublient jamais. Ils vont faire revivre dans leur esprit les moments de bonheur et les moments cruels tout en ne sachant pas comment comprendre les attitudes de l'autre, et tout en ricochant éternellement sur des hypothèses cartésiennes s'effilochant au fil du temps car, dans le monde karmique, les repères n'existent pas. Tout le monde sait que le moyen le plus facile d'évoluer est de souffrir, surtout dans notre civilisation occidentale qui a du mal à gérer entités spirituelles et obscurantisme émotionnel : la souffrance est un chemin pratique menant un jour ou l'autre à la sérénité, sinon au bonheur. Loin de faire l'apologie de la souffrance, je pense que beaucoup de couples karmiques connaissent le danger qu'ils courent en montant sur ce bateau qui, dès qu'il prend l'eau, va se saborder comme dans le plus mauvais scénario possible, le fatalisme prenant sa force sur des appuis constitués par les preuves que cela devait arriver.

Il arrive qu'un couple karmique déchiré puisse se reconstruire, toujours avec la peur comme éternel compagnon. Dans ce cas, il ne renaîtra que si les partenaires émancipent leur karma et travaillent à la renaissance latente d'eux-mêmes, ce qui leur permettra de vivre sous leurs vraies identités le bonheur qu'ils s'étaient fixé comme accessible mais unique dans sa forme.

En revenant avec plaisir au quotidien, nous observons des couples heureux, victorieux et épanouis ; d'autres qui se déchirent, s'observent et stagnent en attendant la fin d'une histoire ; d'autres qui se cherchent à travers le monde. On entend des appels au loin, des prénoms et des verbes ; la vie continue et le temps passe, peignant sa couche de printemps et d'automnes. Les enfants grandissent à travers les vitres de nos malheurs, joies, peines, sourires, une larme d'émotion, l'autre au loin, invisible, l'autre « au près » qui étincelle, envie de l'absolu égaré, passé et présent jouant à cache-cache, l'âge qui envahit comme les médailles d'un torse militaire, l'amour et la peur, l'attente et les retrouvailles célestes…

Qui a la clef du bonheur ? la clef du malheur ? Est-ce la même ? L'astrologue observe mieux que ses congénères en haut de la vigie, mais il est quand même sur le même bateau, au gré des courants, des vents et des tempêtes.

Troisième partie

LES VRAIES RÉALITÉS

Potentiel planétaire et karmique : révélations et utilités

Perspectives d'évolution intérieure

Nous sommes ce que nous sommes, et il serait difficile de se changer en l'espace d'une lecture ou même d'une formation poussée. Néanmoins nous aspirons tous au progrès grâce à un approfondissement de nous-mêmes qui pourrait favoriser une nouvelle vision de notre environnement général. Les moyens révélateurs existent, nous appelons cela des *déclics* : déclics faibles ou déclics puissants.

Ces derniers peuvent être brefs ou progressifs ; c'est généralement par le biais des épreuves ou des bouleversements qu'ils nous parviennent, en activant le potentiel planétaire et karmique : deuils, ruptures, éloignements, passions sentimentales soudaines, épreuves de santé, dangers brutaux qui surviennent, etc.

Les déclics faibles sont progressifs et mettent en gestation tout un travail sur soi ; ils sont généralement activés non pas par des faits extérieurs mais par l'intéressé lui-même, à la suite d'une volonté d'approfondissement, ces révélations graduelles entraînant des périodes de réflexion intense, de perplexité par des passages à vide pénibles découlant sur sa propre découverte. Le monde astrologique et karmique est un moyen de se prendre en charge seul pour parvenir à se voir, s'observer et s'analyser sous un angle élargi par une sortie de notre microcosme, de notre nombril, de notre sommeil léthargique.

L'évaluation précise et sans artifice de nos propres richesses et lacunes induit un temps d'arrêt que l'inconscient refuse, mais ce temps d'arrêt est nécessaire pour l'élaboration d'un nouveau départ avec des atouts qui seront cette fois-ci justes et véritables. La vision claire, parfaite et assimilée de sa personnalité profonde par le biais de nos signatures planétaires et karmiques, l'accès et la compréhension humble de réalités masquées ou bridées découlent sur une scission morale et psychologique salutaire dont la force de pénétration sera rendue au centuple dans les bienfaits de toutes sortes qui se profileront plus tard.

Il existe un phénomène de surcompensation karmique qui se définit rationnellement comme suit : malaise-révélation-déviation. Le malaise, la perplexité, la peur ou la souffrance engendrent un travail sur soi, une recherche, un triage et un combat découlant sur la révélation, la vérité et l'originel, produisant enfin les dérivés latents par surcompensation, c'est-à-dire des déviations positives et analogiques se répercutant dans la vie.

Renseignements sur la personnalité profonde

Prenons un exemple. Une femme adulte est dépressive, pessimiste et isolée moralement ; elle connaît un blocage des influx négatifs par détachement émotionnel. Elle va commencer à effectuer un travail sur elle-même, poursuivre des investigations psychologiques par repérage et étude de son karma, connaître de premières révélations, entamer une restructuration et une prise en charge de son image et des réalités de l'environnement général direct. Elle vivra ensuite une surcompensation du renouveau par des applications restées en sommeil dans le potentiel bloqué. Elle se découvrira, par exemple, une nouvelle passion pour les sciences humaines, extraversion qui lui permettra d'entrevoir des horizons relationnels nouveaux, des intérêts pour un domaine culturel ou artistique... Elle compensera les pertes du passé par une activité débordante, aseptisera ses complexes par des applications privées, sportives, amicales, sociales, par des mises en chantier des possibilités enfouies avec stimulation. Elle effectuera une reconsidération du domaine sentimental par un nettoyage ou au contraire par une consolidation, dirigera la peur vers la sensibilité, donc vers l'intuition, donc vers l'investigation, la révélation d'un don, etc.

Tout ce qui était négatif ne disparaît pas par enchantement mais par recyclage et par inversion de la force et des influx : une colère permanente peut donner une disponibilité au commandement, à la réalisation et aux initiatives, simplement si elle n'est plus retournée contre soi mais utilisée constructivement, ce qui nécessite un travail sur soi, une thérapie, une découverte, une révélation ou un cheminement plus long et solitaire. Sans aller jusque-là, un potentiel planétaire renseigne son propriétaire sur son champ d'action global, qu'il soit social, professionnel, affectif, intellectuel, spirituel, etc., et ce dès son enfance. Les signatures planétaires dirigent leur possesseur sans qu'il le sache vers ses univers favoris à travers toutes les disponibilités ainsi données. Tôt ou tard ce qui était inclus dans le potentiel apparaîtra, mais je pense qu'il est quand même bon de le savoir avant.

On ne va pas s'évertuer à « bourrer le crâne » d'un adolescent de mathématiques ou de chimie s'il est par exemple Lunaire des Gémeaux, car son potentiel évolutif aura tendance à se faire à l'inverse de considérations cartésiennes ; c'est un littéraire, un adepte de la communication et un extraverti qui va fuir inconsciemment le monde restreint des lois mécaniques qui sera par contre très évolutif pour ce jeune Mercurien de la Vierge. Il faut bien apprendre les mathématiques et la chimie mais il faudra savoir que ce ne sera pas le domaine de prédilection de cet adolescent ; donc il faudra trouver des solutions et des remèdes pour sa carence involontaire. Or en majeure partie, le système scolaire déverse ses méthodes séculaires sans progresser, en appliquant un tri qui se fait tout seul, l'enfant suivant le programme ou ne le suivant pas. Inventer des cours pour les petits Mercuriens de la Vierge et d'autres pour les Lunaires des Gémeaux ? Ce ne serait pas possible, bien sûr, mais il faudrait plutôt créer des priorités pour les domaines scolaires où se situent les lacunes. Nous trouvons banal depuis longtemps qu'il y ait un premier de la classe avec des notes prestigieuses et un petit dernier abandonné au zéro pointé : c'est dans les mœurs, il ne suit pas donc c'est le dernier. Prévenir de ce genre de lacune les parents d'un enfant peut faire changer beaucoup de choses : d'abord, le mettre en confiance vis-à-vis de ces domaines qu'il abordera en se rendant complice de son infortune et en trouvant des palliatifs – un enfant peu doué dans une matière va se forcer à suivre et ne sera pas le meilleur de sa classe on le sait, ce qui n'implique pas la logique immuable et admise qu'il sera le dernier de cette classe. Il en sera de même plus tard car, adulte, il va axer ses priorités en fonction de ces rejets, c'est-à-dire choisir une voie où il ne rencontrera pas ces obstacles.

Avec pédagogie, un jeune scolaire peut être guidé sur ses points forts sans mettre pour autant ses carences au rebut, carences qui peuvent provenir de sources profondes n'ayant rien à voir avec la personnalité, et que peut déceler une carte du ciel natal. L'ordre naturel est une bonne chose ; autrefois, les plus forts et les plus vaillants partaient à la guerre, les plus faibles restaient à jouer un rôle précis, moins dangereux mais aussi important sans pour cela devenir les derniers de la classe. La compréhension d'une personne à travers un autre support que lui-même est une source où les influences humaines ne parviennent pas, tous les parapsychologues sont d'accord sur cette affirmation : on projette un individu dans l'espace, dans le temps, dans l'univers terrestre, puis on décrit sa situation, sa localisation et ce qui est à portée de sa main et ce qu'il peut en faire. Dans notre société, le processus est inverse, l'individu est placé, contraint, soumis au décor qui n'est peut-être pas le sien, obligé de s'accommoder de ce qu'il peut prendre et exploiter pour son évolution, voire sa survie. Pour aggraver son sort, on lui impose des sanctions s'il ne donne pas ce qu'il n'a pas : zéro en maths pour ne pas avoir compris, licencié pour ne pas avoir atteint son chiffre, pénalisé pour ne pas avoir eu l'argent à temps, etc. Ces sanctions diverses sont les prémices du cancer de l'ordre n'ayant pas su trouver d'autres solutions à ses propres lacunes, lacunes qu'il dissimule sous un nouvel ordre : sanctions ou récompenses. Alors le petit Lunaire des Gémeaux culpabilise parce qu'il ne sait pas se concentrer en maths ; d'une carence cela passe à un défaut, puis à la honte, puis à la première cassure de l'identité. Pourtant il ne comprend pas pourquoi ceux qui ne courent pas le 100 mètres en moins de dix secondes ne sont pas pénalisés ; on lui dit que c'est parce que la grande majorité des gens ne peut réaliser cette prouesse. C'est donc la masse, et la masse n'est pas comme lui car elle n'a pas d'identité, elle…

■ Agir selon son identité karmique

Si l'identité planétaire permet donc de dresser l'ossature d'une personnalité et ses sphères prioritaires ou essentielles, elle ne permet pas de dresser avec autant d'exactitude la vie karmique du natif. Autant le domaine préventif sera bien exploité grâce aux signatures planétaires, autant le karma demeurera insaisissable quant à son évolution et ses effets : nous avons lu les définitions des vies karmiques dans les pages précédentes – qui restent très succinctes malgré l'apport d'expérience que j'ai pu y apporter – mais on ne peut aller plus loin sans extrapoler et prendre des risques. L'utilité de ces définitions consistera à se situer, donc à se typer karmiquement sans apporter d'autres paramètres utiles.

Déceler la provenance du karma va permettre à son possesseur de se mettre sur une orbite psychologique qui sera nouvelle, en favorisant une autoanalyse graduelle par ce même repère. Le natif décèle brusquement la partie de son conscient non vécu qui le dérange et s'incruste automatiquement dans le problème comme son propre thérapeute en gagnant donc la première partie. Ensuite, il faudra retrouver d'autres applications thérapeutiques car un problème reconnu est à moitié résolu, certes, mais ces applications analogiques seront plus difficiles à aborder sans connaissance approfondie de notre pharmacie psychologique. Le temps et la nature s'avèrent d'excellents alliés dans ce cas ; même en cas de rechute ou d'errance morales, ils jouent non pas sur une cicatrisation de la plaie introuvable, mais en faveur d'une maturité d'esprit renforçant l'étau de la volonté à travers les paysages nouveaux de la personnalité. L'émancipation peut être longue et laborieuse – certains sont karmas forts, d'autres sont faibles et moins virulents –, mais elle va engendrer, comme nous l'avons vu, des redonnées extrêmement puissantes du potentiel de naissance qui vont permettre ce qu'on appelle le *renouveau karmique*, nouvelle base non polluée, fraîche et limpide, d'où surgiront les vraies aptitudes et disponibilités débarrassées des liens karmiques.

On se passerait bien de ce karma ou on envie ceux qui n'en ont pas, ceux qui sont tranquilles et qui disposent de leurs atouts sans avoir eu à souffrir parce qu'ils les ont trouvés tout prêts, « déballés sur leur table ». C'est vrai, mais ils ne feront jamais ces grands voyages accidentés et ne seront jamais là pour dire qu'ils viennent d'ailleurs. Pourtant, dans un temps futur, l'un de leurs descendants héritera d'un bagage karmique qu'il aura à gérer en bien ou en mal comme un patrimoine de l'inconscient à perpétuer, patrimoine qui pourra le propulser bien plus en avant que le matérialisme est en mesure de le dire.

Il y a une rectification importante à faire à propos du karma :

beaucoup de gens croient qu'ils ont une mission à achever, une punition à subir, une faute à absoudre, voire une fatalité à vivre qui seraient dues à un karma et à une vie antérieure qui se serait mal passée et dont les séquelles reposeraient sur leurs épaules durant leur existence entière : c'est faux. Si le legs karmique implique souvent des épreuves et des combats, il n'inclut pas d'achèvement quelconque à cause d'éléments bloqués dans le passé ; il s'inscrit dans un contexte de recommencement total, dans un cas difficile, ou d'une poursuite des acquis, dans un cas plus facile. Tout le monde a besoin d'images karmiques bien pratiques pour expliquer désarrois et interrogations pénibles. Il peut y avoir, en effet, un soulagement psychologique et une meilleure prise en charge de soi, en sachant que nos tensions profondes sont issues d'ancêtres n'ayant pas pu achever telle ou telle œuvre, ou que c'est une erreur qu'il va falloir expier parce que des faits graves se sont passés antérieurement, etc. Ces déviations entrent dans le cadre de la médiatisation du karma et des vies antérieures qui sont donc beaucoup moins spectaculaires qu'on ne le pense, médiatisation qui donne lieu à des délires fantasmagoriques qu'un public friand consomme avec incrédulité. Il suffit alors qu'une personne célèbre expose son expérience d'une vie antérieure sous un personnage ciblé, lié à une vie bien particulière, dans un décor historique, sentimental ou politique précis, pour que la crédibilité s'améliore. Mais je ne pense pas que ce soit méchant car, souvent, les narrateurs impliqués y croient dur comme fer.

La nature et le destin : bienfaits et dangers du prévisionnel

■ À quoi sert une analyse prévisionnelle ?

Le travail de l'astrologue analyste consiste à guider autrui sur son propre cheminement : si le consultant a déjà un cheminement qui lui est propre, pourquoi vient-il donc consulter ?

La progression du consultant vers le futur se ferait sans intervention, comme pour beaucoup de gens, s'il n'y avait pas les interrogations et les incertitudes liées à cette évolution dans le temps. On serait tenté de dire que consulter c'est un peu ne pas savoir faire face aux devoirs et responsabilités qui nous incombent, ou vouloir se rassurer quant à une conduite à tenir ou une échéance quelconque à gérer, ce qui est juste quand le consultant se laisse prendre en charge totalement, mais ce qui est faux quand ce consultant veut aborder son évolution pour simplement comparer ce qu'il pense de sa projection du destin avec celle de l'analyste et prendre en compte tous ces éléments divers ensuite.

L'avantage de l'analyse d'une carte du ciel est de découvrir les possibilités du consultant, de repérer où il se situe actuellement dans son parcours évolutif, d'évaluer les opportunités et les obstacles à court, moyen et long terme en maîtrisant l'idée de temps et de délais. Je pourrais résumer mon travail par l'image suivante : la rencontre d'une personne sur un chemin tortueux qui se rend dans une ville environnante, son désir étant de parvenir lui-même à destination puisqu'il en fait l'effort ; mais comme il ne connaît pas trop l'orientation de cette ville ni la distance à parcourir, l'astrologue va lui dire quand il faudra tourner à droite ou à gauche, et quand il arrivera à son but au vu de sa cadence actuelle. C'est un travail d'information, de prévention et de stimulation : le voyageur prendra la décision de continuer ou non son chemin.

Les consultations sont très diversifiées et offrent des possibilités énormes sur le terrain du concret et de l'efficacité, en rejetant sans vergogne le cliché facile de la divination et des miracles, de la poudre de perlimpinpin et des promesses d'avenirs grandioses et étoilés.

L'astrologue travaille aussi bien pour les interrogations du quotidien que pour des questions spécifiques dans des domaines très variés. Sa clientèle va du simple particulier au chef d'entreprise, en passant par des professions très scientifiques, libérales, commerciales, artistiques, etc. Le potentiel d'une carte du ciel étant infini, il peut conseiller l'orientation professionnelle d'un adulte ou d'un adolescent, préciser, évaluer les conditions d'une vente immobilière, définir et dater les cycles lunaires féconds pour une femme ayant des problèmes de stérilité, expliquer au consultant les travers caractériels d'un proche, recommander des périodes propices à telle ou telle démarche pour ce restaurateur, cerner et dater un événement associatif pour cette société, aider cette personne à sortir d'un climat dépressif, chercher un phénomène réincarnatoire pénible chez une autre, analyser une année commerciale pour ce dirigeant, s'investir dans une psychothérapie brève pour des tendances suicidaires chez cet adulte, analyser les opportunités de rencontre affective pour cette femme célibataire, etc. Beaucoup de consultants me démarchent aussi pour faire une pause dans leur vie, établir un bilan global, réévaluer leurs priorités, leurs acquis, faire le point, se faire expliquer une phase clef de leur enfance ou analyser leurs possibilités socioprofessionnelles dans les deux prochaines années.

Les écueils à éviter

L'impact de cette astrologie est très vaste et son efficacité est dépendante également de l'importance du sujet en question et de sa répercussion dans le temps, je veux dire qu'il y a des consultants qui se font analyser en croyant que l'astrologue va déceler un événement dans le futur qui mettra un peu de piment à leur vie stable et régulière, ce qui peut arriver, mais la plupart du temps ils repartent sans avoir connu d'excitation particulière : rien en vue, stagnation des choses, continuité d'une tranquillité sans fait particulier. Ceux-là sont déçus et bougonnent, mais ils vont revenir l'année suivante en me disant qu'effectivement ils n'ont rien à signaler, mais en espérant cette fois-ci que je verrai un événement transformant leur vie, qu'ils ne sont pas capables de stimuler et ainsi de suite.

Tous les praticiens sérieux connaissent ce phénomène et se gardent de leur avancer quoi que ce soit pour leur faire plaisir et les occuper, mais il faut bien qu'ils mangent… et votre serviteur aussi. À ce stade, on serait tenté de parler du fossé entre l'astrologie et la cartomancie, qui aborde une clientèle ou des adeptes plus disparates : c'est un fossé qui n'existe que dans la démarche des consultants, se divisant dans leurs besoins d'éclaircissement, d'efficacité et de précision. Disons aussi que la cartomancie n'a pas les lettres de noblesse de l'astrologie dans l'esprit collectif, et c'est bien dommage car il existe des professionnels performants et sérieux qui rejoignent par leurs investigations occultes la justesse des astrologues… Comme quoi tout parvient à se lier dans ce monde de l'invisible.

Dans l'esprit collectif, l'astrologue est soumis à cette image de divination uniquement ; c'est le grand gourou à barbe blanche qui manipule les planètes et les étoiles pour vous dire ce que sera demain et ce que le destin vous a promis – mélange féerique du devin et du magicien aux pouvoirs extraordinaires, capable de transformer votre vie en vous octroyant des dons imaginaires ou en rectifiant la malchance dont vous êtes injustement victime. Or l'image a évolué depuis longtemps, bien sûr, et les prestations aussi, dépoussiérant ainsi ces clichés tenaces.

Le praticien est devenu une sorte de spécialiste de l'inexplicable sur qui repose une confiance considérable, ne serait-ce que dans son approche de la vie : il existe des médecins de famille comme des astrologues de famille, bénéficiant de la même considération quant à leur image préventive. On trouve l'astrologue dans son cabinet mais aussi sur le terrain social et culturel de la vie courante. Il ne reste plus confiné dans sa tanière ; il s'implique généralement dans des applications de son travail assez diverses, applications qui devraient d'ailleurs prendre des proportions plus larges au fil du temps, c'est-à-dire que la parapsychologie aura tendance dans un premier temps à rejoindre les structures élevées de la psychologie, l'une épaulant l'autre sur un point de jonction qui deviendra nécessaire pour permettre à un nouveau domaine d'être accessible. Quand on mesure l'évolution de la psychologie dans le monde moderne par ses nouveaux outils démocratisés, on pourrait dire qu'elle tend à rejoindre certaines formes de la parapsychologie, le domaine prévisionnel mis à part. Les investigations de la psychologie sont telles qu'elles approchent parfois le terrain du paranormal, et je suis certain qu'elle progressera dans ce sens dans les années futures.

Le domaine prévisionnel est l'une des applications de l'astrologie, mais c'est celle qui brasse le plus d'adeptes. C'est une locomotive puissante, véritable enseigne lumineuse de ce métier à cause de la forte demande du marché, les autres applications astrologiques restant minoritaires quoiqu'elles aient une nette tendance à se développer. Dans l'esprit commun, il serait inconcevable de ne pas questionner un astrologue sur son avenir lors d'une consultation ou d'un contact ; c'est un réflexe humain que de demander à quelqu'un qui peut savoir ce que l'on pourrait devenir ou ce qui peut arriver sur des champs de la vie que nous ne connaissons pas encore. Pourtant, cette vision ne devrait pas être donnée à tout le monde ni être mise entre toutes les mains, dirions-nous, car l'interprétation et ce qu'on en fait peuvent être déviés de leur source d'origine de plusieurs façons. L'astrologue doit d'abord évaluer chez son consultant les effets de l'impact prévisionnel en mesurant ses facultés de gestion de cet ensemble abstrait, c'est-à-dire savoir ce qu'il va en faire. Il y a plusieurs types de réactions face au domaine prévisionnel, que je vais tenter d'expliquer, mais il faut revenir sur ce terme : *prévisionnel* veut dire *tendances et perspectives*, termes clefs également du météorologiste, du pronostiqueur de courses hippiques, du conseiller financier, du spécialiste de la bourse, de l'analyste de tendances économiques, du consultant, etc. Ce qui est prévisionnel tend à s'appuyer sur des bases rationnelles pour pouvoir projeter dans le futur les inclinations logiques pouvant se perpétuer dans un processus donné, et ce que l'on prévoit a plus de chance d'arriver que de ne pas arriver. Or, il faut noter une différence d'interprétation et d'impact quand le centre d'intérêt de ces prévisions est un être humain qui va réagir sur des critères différents si ce qu'il attend se fait ou ne se fait pas, ce qui ne sera plus une réaction d'ensemble ou de masse tributaire d'éléments plus ou moins extérieurs comme la météo, les indices de valeurs financières, etc.

Les analyses astrologiques prévisionnelles ne se basent pas sur ce que l'analysé veut mais sur son potentiel au moment du travail et sur les perspectives qui se profilent, pouvant ou non coïncider avec ses désirs et ses espoirs. Il y a un bienfait du prévisionnel quand le consultant prend intelligemment en compte ce que l'astrologue lui dépeint, à savoir espérances concrètes à venir ou difficultés imprévues dans l'instant contrecarrant ses projets. Il y a en revanche un danger du prévisionnel quand le consultant se laisse prendre en charge par l'astrologue quant à son destin, destin qui n'est que lui... mais demain.

Les réactions du consultant

Nous en venons aux différents types de réactions quand nous abordons le prévisionnel. Le type le plus courant est celui qui banalise, c'est-à-dire qu'il va s'émerveiller les premiers temps sur les prouesses du praticien et confondre donc les résultats avec une sorte d'automatisme mystico-technique, comme s'il suffisait d'appuyer sur un bouton pour connaître son avenir : il va donc demander au parapsychologue de prendre en charge tous les aspects de sa vie puisqu'il est performant, puis se laisser aller au prévisionnel en oubliant les risques d'erreurs inclus dans ce travail et les possibilités d'adaptation des éléments prévus. L'avenir étant un gigantesque puzzle, comme nous l'avons tous constatés en regard de notre passé et de notre présent, il va croire que ce puzzle est assemblé ; c'est automatique et radical, il banalise, il uniformise comme ceux qui croient qu'une prière va obligatoirement découler sur une retombée du souhait, jusqu'au jour où un élément prévu se décale dans le temps : il en fait part au praticien comme quelque chose qui ne colle pas dans cet univers bien lubrifié qu'il ne connaissait pas mais qui l'enthousiasme, il se pose des questions puisque si une douzaine de prévisions se sont bien concrétisées pourquoi pas celle-ci ? Il y aura une démystification à faire dans son esprit quand on lui dira que ce sont les tendances les plus plausibles qui lui ont été soumises, et non des certitudes basées sur un outil certes fiable mais asservi par un être humain qui a aussi ses lacunes, aussi performant qu'il puisse être.

Astres et planètes sont des reflets très crédibles de notre vie mais ce domaine est capricieux, changeant, parfois imprévisible quant à ses propres paramètres techniques. L'astrologue est toujours l'apprenti de cette gigantesque puissance qui ne sera jamais maîtrisée malgré l'expérience.

Un autre type de réaction fréquent est de ne pas avoir su prévoir ce qui allait arriver dans un autre domaine que celui analysé. Comme le monde du prévisionnel est vaste, il est permis de tout confondre, par exemple un dirigeant qui consulte pour ses affaires et, semblant satisfait, formule le reproche de ne pas avoir été prévenu du décès familial survenu peu de temps après l'analyse : puisque le professionnel parapsychologue a su lui dire comment procéder professionnellement, pourquoi a-t-il oublié de le prévenir de ce fait crucial ? La recherche étant axée sur un domaine précis, l'attention y était aussi évidemment. De la même façon, le garagiste à qui vous demandez de changer les pneus ne s'apercevra peut-être pas que le moteur est fatigué.

Le domaine du prévisionnel comporte des pièges, contrairement à l'étude du passé qui, lui, est bien palpable et vérifiable : c'est une mouvance, un présent qui ne s'est pas encore produit ; on recherche des appuis et on s'élance dans l'espace-temps en essayant de ne rien oublier car l'oubli est la bête noire du prévisionnel. Si l'astrologue est admiré, entouré et craint, il est désespérément seul, comme le médecin jouant un va-tout dans une thérapie que ses intuitions guident. Est-ce que les amoureux ne se disent pas la même chose quand ils se promettent fidélité et passion au soir de leur rencontre ?

Les limites du prévisionnel

J'ai souvent été convaincu que ce qui est prévisionnel doit rester confiné au seul rôle du « potentiel de naissance », et demeure toujours limité par les possibilités de la vie : on regarde les étoiles faire le travail et l'homme se prendre en charge.

L'astrologue a un grand livre ouvert dont il lit les chapitres, mais est-ce le même langage que celui qui écoute ? Est-il un initié ou un karmique perpétuant un rite dilué dans les exigences de la société de consommation ? Usurpation et sacrilège ? Disponibilités humaines ou don de la nature ? Il est humble, cet astrologue, quand il voit pousser les bourgeons au printemps et tomber les feuilles à l'automne sans que son esprit puisse rien faire d'autre que prendre en compte ce phénomène. Il se sent minuscule en regard d'une nature qu'il tend à maîtriser ; il se courbe devant le Soleil et la Lune ; s'inquiète et se pourfend ; l'homme universel est à portée de son esprit, l'homme individuel est là devant lui, notant ce que la vie est en mesure de lui apporter concrètement. Microcosme, macrocosme, y a-t-il un intermédiaire ? Serait-il plutôt un messager s'étant trompé dans son discours ? Dispose-t-il des bons outils ? Ses certitudes sont-elles divines ? N'est-il pas destinataire d'un écho qu'il spolie ou usurpateur d'un rôle qu'il ne parvient pas à maîtriser ?

Le monde cartésien, technique et analytique, côtoie le monde divinatoire, religieux, mystique et irrationnel. Il y a des voitures, des usines, et des gens malheureux qui se cherchent, des inquiets, des vagabonds, des heureux, des satisfaits... Qui peut prétendre jouer un rôle dans le théâtre de l'Absolu ? Le prévisionnel est une scène où bien peu de gens se hasardent, le présent étant trop douillet et confortable, le passé révolu et comme acquitté de la taxe de l'existence et de la nature impliquées dans une identité qu'il a bien fallu assumer quant à ses répercussions terrestres. C'est bien ainsi, on se laisse aller car la gestion de tout cela n'est pas facile et prendre en considération la responsabilité de ce que les autres vont devenir n'est pas une mince affaire non plus.

Dans quel contexte pourrait-on savoir ce que l'on va devenir, par quels autres moyens ? Est-ce important de le savoir ? Je pense que le domaine prévisionnel devrait rester uniquement axé sur le domaine prioritaire du consultant et non généralisé comme une prestation englobant l'environnement total de celuici. Nous allons chez le médecin pour un problème particulier, pas pour qu'il prenne en charge la totalité de notre santé.

Un autre type de réaction est le manque de recul psychologique du consultant parce qu'il ne va pas être en mesure de se projeter dans l'avenir pour gérer les réponses à ses questions. Il aura donc tendance à minimiser les prévisions, voire à s'en moquer, car il est collé au présent et pense que son état d'esprit est le même maintenant qu'il sera dans l'avenir. Par exemple, un homme aime une femme et me consulte pour me demander s'il peut espérer une consolidation légale de cet amour dans l'année, alors que de graves remous affectifs se profilent entre eux, risquant de désintégrer cette relation : pourtant, actuellement ils s'aiment, ils vivent en harmonie et ne veulent absolument rien gâter ! Comment expliquer que des interférences extérieures ou une prise de recul d'un des partenaires viendra mettre en péril cette noble espérance ? Le consultant restera sceptique ; il s'attendait à la continuité de son bonheur et se retrouve à devoir gérer un dilemme futur dont il n'entrevoit aucun signe avant-coureur. C'est pourtant ce qui se voit tous les jours autour de nous, des couples ayant été heureux et épanouis, et dorénavant séparés, malheureusement. Je ne dirais pas à cet homme de se mettre l'idée d'une séparation dans la tête car je souhaite autant que lui son bonheur, mais de se préparer à repousser des obstacles et des antagonismes divers qui se profilent devant lui, car « un homme averti en vaut deux ». Quand le climat vient à s'assombrir effectivement, il peut aussi penser à une influence néfaste qui a contribué à polluer son atmosphère, ou que la réponse en elle-même a eu une influence sur les faits alors que tout était clair auparavant. Une mauvaise gestion du prévisionnel peut conduire à ce genre de situation, ce qui revient donc à dire qu'il faut de la psychologie pour étaler un potentiel futur devant l'homme actuel qui maîtrise bien son présent mais ne va pas savoir quoi faire de ce qui est impalpable et abstrait en regard de ses besoins concrets.

Le prévisionnel peut être vaste – par exemple, préparer la mère d'un enfant aux difficultés scolaires que son fils aura cette année – ou ponctuel – prévenir une personne d'un problème de santé entre telle et telle période –, ce travail étant avant tout préventif pour garder une clientèle responsable de son destin mais avec des guidages précis et efficaces. L'avantage de ce domaine est de faire participer le consultant à l'évolution future de ses projets et priorités comme si on le prenait par la main dans ce voyage astral, pour aider à la compréhension complice d'une situation d'ensemble ; le praticien cherche, le consultant trouve. Il n'est donc pas question de décharger des clichés d'avenir devant lui en le laissant emballer le produit et de le voir partir ensuite comme beaucoup le font, l'avenir étant souvent utilisé par des professionnels peu scrupuleux ne remettant rien en question et se contentant de faire payer leur travail, bon ou mauvais, sans la moindre prise en charge, ne serait-ce que sur le plan humain.

On pense souvent que les professionnels de la parapsychologie sont les mieux servis par leurs dons, qu'ils peuvent donc prévoir ce qui va arriver et se guider eux-mêmes sans problème dans les méandres de la vie. Cette idée est fausse car si la prouesse peut s'appliquer à une personne en neutralité affective avec le praticien, elle ne peut s'appliquer à soi par manque d'objectivité et de recul. La tendance à minimiser ou à exagérer vis-à-vis de nos intérêts est grande ; le réflexe d'autoprotection est aussi difficile à dompter totalement ; on ne retrouve plus les conditions idéales de neutralité comme dans une consultation où l'individu en face est un habitant de la planète et où notre jugement sera impartial. C'est la même chose avec les proches, où le besoin de surprotection vient corrompre toute objectivité : ce sont les cordonniers qui sont les moins bien chaussés… !

L'astrologie et la science : réalités et statistiques

Astrologie et science : deux univers séparés

Beaucoup d'astrologues ou d'adeptes de l'astrologie tiennent à crédibiliser leurs thèses auprès du monde scientifique pour prouver leur bonne foi et être bien considérés. Ils appuient ces thèses sur des bases qu'ils pensent être issues de la conscience universelle – ce qui est vrai –, en s'imaginant que tout le monde possède et se sert de cette conscience – ce qui est faux. Certains veulent introduire cet art à l'école ou dans les universités, se targuent d'être consultés par les grandes sommités médicales de ce monde, s'évertuent à convaincre la science de les écouter ou de prendre note de vérités et de preuves. D'autres initient tant bien que mal des scientifiques, retrouvant ainsi une identité qui n'aurait pas eu lieu d'exister sans cet amalgame. On dévie, on mélange, on anesthésie, et le monde scientifique poursuit sa route après s'être bien amusé.

Je pense que c'est une erreur grave que de vouloir se faire respecter ou académiser par un monde aux antipodes de la parapsychologie : pourquoi un bon médecin serait-il bon astrologue et *vice versa* ? Pourquoi un scientifique parvenu à un stade intellectuellement ou techniquement élevé serait-il capable de suivre une initiation astrologique ? Le potentiel n'est pas le même, une personne douée en maths et en physique nucléaire aura encore plus de mal à suivre qu'une personne de niveau moyen moins enracinée dans le monde cartésien ; un scientifique ne comprendra pas ces thèses basées sur des hypothèses et des définitions n'ayant que la tradition comme support. Le monde scientifique n'aime pas constater ; il veut comprendre. Et dans ce domaine il n'y a rien à *comprendre*, au sens où ils l'ont appris au cours de leurs études.

La science est une tentative constructive et évolutive pour maîtriser les forces de la nature en touchant, palpant, mesurant, pesant, comparant sur les bases de la matière et du rationnel. Les scientifiques possèdent tous le potentiel d'observation et de maîtrise dans ce domaine, je ne m'avancerais jamais sur un pont construit par un astrologue et je n'irais jamais demander à un ingénieur pourquoi je fais une telle fixation sur les fruits de mer... Pourtant les parapsychologues veulent être crédibles et convoitent la considération du monde des blouses blanches, qui ne comprend rien à leurs conceptions, comme s'ils avaient besoin de cet aval prestigieux.

Il est difficile de comprendre le monde abstrait quand on essaie de l'investir en venant du concret car tous les repères, les lois, les théorèmes et les observations statistiques s'écroulent par le manque et l'absence de matière, la logique régissant l'abstrait, le monde occulte et ésotérique n'ayant aucune similitude avec celle d'ici-bas. Il est même illogique de parler de logique là où il n'y en a pas, et où tout est régi par des forces invisibles et des vérités que notre conscience humaine ne peut aborder dans un sens scientifique. Quand une personne a des boutons sur le bras, la science va savoir pourquoi et comment y remédier, mais quand cette personne pleure elle ne pourra rien faire, ce n'est plus palpable.

La science a ses limites, qu'elle s'évertue à repousser avec courage et intelligence la plupart du temps ; l'astrologie a les siennes aussi, sauf qu'elle a moins les moyens et les opportunités de pousser les investigations plus loin. Mais je ne crois pas que cela soit dû au manque de soutien scientifique car je ne vois pas trop ce que ces deux mondes feraient si on les mariait. Si l'erreur de certains astrologues est donc de vouloir s'immiscer dans un monde pour lequel ils ne sont pas faits, cette erreur existe aussi dans le monde qu'ils convoitent : la science réfute le monde de la parapsychologie, et c'est de bonne guerre.

Une habitude de dénigrement

J'ai lu un ouvrage très intéressant sur l'astrophysique, écrit par un éminent spécialiste qui tentait d'expliquer avec intelligence et clarté sa vision du monde cosmique – voyage lumineux à travers les étoiles et l'espace. Puis il s'attaqua avec virulence à l'astrologie en la bannissant brutalement en regard de certaines publicités qu'il avait vues dans les couloirs d'une station de métro, publicités racoleuses, comme on en voit souvent, jouant sur la crédulité des gens. Là où il avait fait preuve d'intelligence jusque-là, on ne lui en retrouvait plus dans cette critique basée sur des faits pourtant faciles à démystifier ; il dénigrait l'ensemble de cet art à travers son dégoût agressif.

J'étais atterré devant le manque d'objectivité de cet astrophysicien, non seulement parce qu'il déconsidérait un métier qui me passionne, mais aussi parce qu'il faisait preuve de malhonnêteté dans son jugement ; il aurait très bien pu s'en prendre à un autre domaine avec si peu d'arguments et sans autre information que des clichés. Il est même dangereux de juger ainsi, la célébrité de ce personnage influençant grandement son environnement direct ou indirect. Heureusement, ce n'est pas un haut personnage ayant des prérogatives sur la mise à feu nucléaire ! C'est une lamentable erreur que, étant investi de pouvoirs et occupant une fonction importante dans un domaine particulier, de se croire autorisé à juger d'autres domaines en se prenant pour le sémaphore du monde, sorte d'impérialisme qui tend malheureusement à se propager : pourquoi le vainqueur du Tour de France ne donne-t-il pas son avis sur la sexualité des batraciens dans les rivières de Basse-Normandie ? Notre bon Pasteur aurait eu peut-être aussi un mot à dire sur l'augmentation des vignettes automobiles ?

Le monde de la parapsychologie est confiné dans un ghetto social qui semble bien arranger tout le monde : les intéressés eux-mêmes, qui trouvent dans ce cloisonnement sombre le décor approprié pour leur environnement humain et professionnel, et le reste du monde, qui a entendu parler de ces gens aux dons bizarres qui travaillent cachés dans leurs antres et qu'on ne voit jamais. Ce peuple de la parapsychologie est incapable de se regrouper pour créer une image unifiée et saine et exiger des statuts dignes, car c'est un vrai « panier de crabes » où la concurrence et la haine sont monnaies courantes alors que leur message unique est de rassembler les hommes dans une harmonie universelle. Beaucoup de praticiens professionnels souffrent de ce manque d'unité qui ne fait qu'aggraver l'image de la parapsychologie, déjà atteinte par les charlatans de toutes sortes. Des essais de regroupement ont déjà été tentés, mais je ne vois pas non plus comment y donner suite. Devant le monde scientifique solidement structuré et organisé, il est certain que les sciences parallèles font triste figure, empêtrées dans un imbroglio où chacun dit sa vérité, expose ses arguments pour prouver ses thèses, affirme être le plus performant à travers des publicités tapageuses, être l'inventeur de méthodes infaillibles comme une tour de Babel sur un champ de foire.

Personnellement j'avoue avoir eu beaucoup de mal à me dégager de cette réputation et à sortir du ghetto des opinions courantes alimentées par cette tour de Babel. Je me suis rendu compte à quel point le monde de la parapsychologie était déconsidéré dans l'esprit collectif et, comme beaucoup d'autres professionnels, il m'a fallu me hisser hors des remparts polémistes et médiatiques pour vivre dans une campagne ésotérique saine et non polluée où tout le monde aimerait venir se reposer. Il est donc certain que cet état désolant des lieux consolidera tous les clivages établis et que ce monde de la parapsychologie restera prisonnier de lui-même et de sa réputation.

Des statistiques pour y voir clair

Sur un plan statistique, comment parvenir à des constatations crédibles qui pourraient intéresser une partie du monde rationnel cherchant une voie de pénétration dans le domaine astrologique ? Il existe un moyen fiable qui découle sur des constatations irréfutables en suivant un cheminement qui risque de prendre à revers nos réflexes habituels : pour cela, il va falloir comprendre quelques mécanismes de base très accessibles pour arriver au but de cette démonstration statistique qui vous amènera sur une vision de l'astrologie telle que je la pratique. Le plus difficile est de se débarrasser des clichés courants colportés par les horoscopes et l'astrologie populaire pour pouvoir accéder à cette astrologie planétaire. Commençons l'explication.

Les signes et les planètes

Nous sommes tous d'un signe du Zodiaque, et nous avons un ascendant dont nous ne savons trop que faire, sinon à nous aider à nous décharger de la lourdeur du signe de naissance. Voilà ce que l'on sait globalement de l'astrologie quand on est profane. On n'aura pas de mal à comprendre que notre signe zodiacal est déterminé par le transit du Soleil, c'est-à-dire que ceux qui sont nés le 10 avril de n'importe quelle année sont du Bélier, que ceux nés début juillet sont natifs du Cancer à cause de la présence du Soleil dans ces constellations tous les ans à cette période.

Ensuite interviennent les planètes du système solaire, qui se placent dans des signes différents de celui de naissance. C'est-à-dire que le 10 avril, le Soleil se trouve dans le signe du Bélier, et la Lune dans un autre signe, *idem* pour Mercure, Vénus, l'ascendant, etc. On élève donc ce qu'on appelle une *carte du ciel natal*, appelée aussi *thème astral*, où figurent toutes ces localisations dans le Zodiaque. Je pense que cela est facilement admis et que cette synthèse est accessible à tous, mais allons plus loin dans cette investigation. C'est à partir de cet ensemble que le monde scientifique a fait ses enquêtes et bâti ses statistiques, en tentant de déceler une tendance ou des éléments saillants pouvant donner lieu à un quelque chose d'intéressant, en empruntant ses propres méthodes d'observation que j'ai moi-même utilisées pour refaire le même parcours rationnel.

Sur une étude statistique de 2 500 cartes du ciel, on constate une répartition quasi parfaite des éléments : il y a autant de natifs du Bélier que du Verseau, autant de Lune en Balance qu'en Taureau, que de Vénus en Scorpion qu'en Capricorne, autant d'ascendants Cancer que Lion, etc., bref une unification planétaire stable, tous âges et nationalités confondus, à quelque chose près. Voilà où peut s'arrêter une investigation scientifique qui ne trouvera donc pas matière à réflexion et conclura que nous sommes tous semblables et égaux devant le système solaire et en regard de l'astrologie, ce qui est vrai dans cette démarche… mais faux, comme nous allons le constater plus loin.

Ce travail statistique s'est donc basé sur l'astrologie courante et je propose une autre démarche intéressante qui va creuser des écarts importants facilement vérifiables sur le terrain.

Les principes de l'astrologie populaire

On observe depuis longtemps que les planètes ont des lieux de prédilection dans les signes du Zodiaque où l'on constate qu'elles émettent le maximum de leurs disponibilités, puis qu'elles transitent les autres signes où ces disponibilités se transforment, s'amoindrissent, s'annihilent ou se diluent avec d'autres, métamorphosant ainsi l'identité originelle planétaire. Par exemple, la planète Vénus est au maximum de son potentiel positif en Taureau, en Balance et en Poissons et au maximum de son potentiel négatif en Bélier et en Scorpion. Il est évident qu'il vaut mieux naître dans la période où Vénus est à son maximum positif ! Cette planète transitant chaque signe pendant un peu moins d'un mois globalement, beaucoup de bébés naissent pendant ce laps de temps et devraient donc bénéficier de ses influx bénéfiques quand elle gravite « un bon signe pour elle ». Reprenons nos 2 500 cartes du ciel et calculons combien de natifs sont nés sous les signes positifs de Vénus, et combien sous les signes négatifs : répartition également uniforme ! Donc, nous avons autant de chances, encore une fois, de naître avec Vénus en Taureau qu'avec Vénus en Scorpion. Puisque cette première localisation est plus favorable, n'observons donc que les natifs nés sous « les bons signes », ce qui divise nos 2 500 patients par dix ou douze. 200 à 250 restent en lice. Ont-ils des qualités spéciales, un potentiel plus fort, un physique avantagé, une réussite plus favorisée, des facilités significatives dans la vie, de la chance, un esprit différent, etc. ? Non, rien de plus que les autres, mis à part quelques cas. Tous les manuels d'astrologie confirment pourtant que naître avec Vénus sous ces signes spécifiques apporte des qualités indéniables dans la vie… ce qui ne semble pas être le cas. Pourtant, cette femme devrait être avantagée quelque part puisqu'elle est née durant un transit de Vénus en Taureau, et les livres d'astrologie disent que cela donne de la chance, de la beauté, de la grâce et de l'argent dans la vie !

Pourquoi est-elle simple, banale, chômeuse ou divorcée ? Ici s'arrête l'astrologie populaire et zodiacale vulgarisée, et à ce stade je vous propose de me suivre dans l'astrologie planétaire.

L'astrologie planétaire

L'importance des signatures

Après bien des découragements et des déceptions dus à cette grosse lacune, je me suis aperçu que, quand cette Vénus gravitait dans « les bons signes pour elle », les ascendants n'étaient plus uniformément répartis, que des concentrations se faisaient, et que certains signes « se vidaient » ! Lesquels ? Surtout les signes ascendants où justement Vénus a une maîtrise ou une influence forte (voir tableau de la page 163 « Qualités des signatures dans les signes »), ce qui veut dire que quand Vénus transite le Taureau à une période donnée, les ascendants Taureau, Balance et Poissons se font très rares puis reprennent progressivement une répartition uniforme après le passage planétaire incriminé. Je reprends en main mes 200 à 250 cartes du ciel préalablement triées où Vénus était dans ses signes de prédilection, je peaufine en fixant Vénus dans le signe le plus significatif, le Taureau, je trouve une centaine de cartes du ciel présentant cette configuration, il ne me reste plus qu'à repérer et comptabiliser les ascendants Taureau, Balance et Poissons : moins de dix… représentant des personnages hors du commun et possédant en effet toutes les caractéristiques de cette Vénus en Taureau décrite dans tous les manuels d'astrologie dont trois hommes, financiers de haut niveau, une femme dans le cinéma professionnel, deux autres mannequins, une autre ayant réussi dans le commerce d'esthétique, une chanteuse professionnelle et une femme très belle mariée à un restaurateur connu. Donc, pour que Vénus fasse bien son travail, il faut naître sous un ascendant correspondant à ses signes de prédilection, et il est facile de constater que ce n'est pas simple.

Ce qui revient à dire que les dix planètes et astres représentés dans une carte du ciel natal sont loin d'être tous influençables, l'ascendant ou le groupe ascendant activant des éléments ici et là et, par la force des choses, désactivant donc les autres éléments restants. Les statistiques montrent bien que ces « activations » sont beaucoup plus rares avec des configurations très bénéfiques, et plus fréquentes avec des configurations… banales.

De cette recherche est née l'astrologie planétaire, qui va prendre à contre-pied l'astrologie courante car Vénus en Taureau c'est bien, mais cela ne vous influencera pas ou peu si vous n'êtes pas né sous un ascendant correspondant à ses propres valeurs. Donc naître avec Vénus dans ce signe est très courant mais être Vénusien du Taureau est beaucoup plus rare. *Idem* pour les autres valeurs planétaires et même démarche sur le plan statistique : par exemple, Mars – qui est en pleine puissance de son potentiel en Bélier, Scorpion et Capricorne – ne donnera rien de ses valeurs si vous n'êtes pas né, pendant son transit dans l'un de ces signes, sous un ascendant correspondant. Statistiquement, nous observons un net recul des possibilités d'ascendant permettant une signature planétaire avantageuse, ce qui permet donc d'affirmer qu'une planète ne donne toutes ses disponibilités, qu'elles soient positives ou négatives, que lorsqu'elle se trouve gouvernant un ascendant de sa famille. Mars en Bélier est assez courant mais avec un ascendant Bélier, Scorpion ou Capricorne c'est beaucoup plus rare. Là aussi les rares personnes élues se sont avérées être des sportifs de haut niveau, des chefs d'entreprise, des commerciaux performants, des chirurgiens, ou des personnes ayant des postes clefs. Dans cette démarche, je ne cherche nullement à répartir l'élite, mais ce travail statistique fait bien ressortir ces caractéristiques qui prouvent bien que nous ne sommes pas égaux devant les astres et les planètes. C'est à ce stade qu'une étude statistique scientifique poussée aurait été fructueuse, en repérant les éléments planétaires puissants et leurs attributions possibles disposées par les ascendants, les effets courants, les pathologies, etc.

Des résultats probants

L'astrologie planétaire prend en compte l'ascendant en signe, lui-même gouverné par une, deux ou trois planètes (voir tableau en annexes) que l'on retrouvera dans d'autres signes sur la carte du ciel natal, ce qui représente une démarche simple mais nécessite quand même toutes les positions des planètes en signe le jour de notre naissance. Un exemple ?

Une femme née le 23 juillet 1970 à 12 h 20 dans les Yvelines sera native du Lion avec ascendant Balance, ascendant découlant sur deux gouverneurs qui sont Vénus et Saturne. Ce jour-là, Vénus gravitait en Vierge et Saturne en Taureau. Cette femme est donc liée à ces deux dominantes, mais à laquelle plus précisément ? Observons-la : taille massive, pigmentation et rougeurs sur la peau, voix forte, profession dans l'immobilier, c'est à coup sûr une Saturnienne du Taureau, qui est sa signature planétaire la plus significative. Nous n'aurions jamais pu trouver les caractéristiques de son signe natal, c'est-à-dire le Lion, dans sa vie professionnelle, affective, sociale, dans sa santé et sa morphologie. C'est l'ascendant, qui ne fait rien d'autre que distribuer des planètes qui désigneront une ou plusieurs signatures en signe, véritables reflets de la personnalité. Nous ne sommes plus *d'un signe* et *d'un ascendant*, mais d'une planète qui nous donnera la qualité de la vie à attendre. Naître sous des signatures positives confère des avantages certains ; naître sous des signatures neutres ou négatives confère plus de difficultés, et c'est ce que nous observons dans la vie courante : des gens heureux, malheureux, grands, petits, pauvres ou riches, solitaires ou entourés, etc. Mais il n'est pas ici question d'entrer dans le débat du déterminisme et du libre arbitre, déjà traité en début d'ouvrage.

Cette astrologie est donc née sur des observations de terrain et, après des milliers d'analyses, j'ai pu ainsi répertorier 247 signatures planétaires avec tempéraments, impacts sociaux et pathologies compilés dans un ouvrage expliquant plus en détail ce procédé et paru chez le même éditeur*. Parvenue à ce stade, l'astrologie devient claire quant à l'interprétation d'une carte du ciel et à la détermination d'un potentiel général, le domaine prévisionnel restant quant à lui beaucoup plus compliqué techniquement et inaccessible aux premières initiations.

Le monde scientifique s'est un peu rapproché de cette vision, se montrant intéressé par les signatures planétaires et leurs conséquen-

* *Guide de l'astrologie planétaire*, aux Éditions De Vecchi, 1996.

ces, mais il a encore tendance à vouloir compiler la méthode avec ses applications propres, je veux dire recenser et dénombrer par colonnes les caractéristiques planétaires sans la moindre prise en compte de la notion d'analogie. On peut être un excellent médecin ou sociologue et un piètre astrologue, hélas ! Dans leurs premières utilités, les signatures planétaires servent à guider les diagnostics en investissant le domaine psychologique et psychique du natif avec précision, ce qui a pour effet de séparer naturellement le concret et le métaphysique. Le cartésien n'aime pas être éloigné du concret, mais cette méthode lui inspire confiance, surtout parce qu'elle est développée largement dans les livres.

Sur le plan karmique, donc psychothérapeutique, les signatures planétaires permettent de placer avec précision le début de la thérapie à suivre, évitant au thérapeute son parcours psychologique habituel et ses tâtonnements avec l'identification immédiate du malaise ou de la crise, permettant de recaler dans le temps et d'axer ses efforts sur la prise en charge instantanée du patient. Les centres karmiques ne sont pas scellés dans un déterminisme ou un académisme rigoureux et présentent des significations générales souples et malléables, chaque centre pouvant se compléter avec un autre ou prendre appui sur les nuances du voisin tout en restant aussi accessible au quidam qui va pouvoir progresser dans son cheminement vers la vérité, la libération puis l'épanouissement. Je ne prétends pas que cet univers que je viens de développer est une méthode référentielle – car rien ne peut s'apparenter à la Référence, elle-même inconnue aux êtres humains –, mais elle s'approche doucement d'une vérité ou d'un équilibre que d'autres hommes et femmes, dans des domaines très variés, contribuent à consolider peu à peu. Une pierre de plus pavant le chemin tortueux qui se dirige vers une grande lueur au loin, que nous imaginons tous être la source d'une libération de la vie, n'ayant pas d'autre alternative que d'aller vers le Bien et le Progrès.

Nous avons tous cru qu'un bonheur artificiel et matérialiste pouvait suppléer aux malaises, souffrances et humiliations d'un quotidien géré par on ne sait qui. L'eau monte en nous, il faut nager, partir, bouger, créer, respirer même en pleurant, éviter la suffocation que nous infligent les principes et les intérêts primaires pleins d'eau eux aussi. Nous n'en sommes qu'encore plus seuls, Jupiter se cachant sous des masques et des miroirs tout en restant introuvable, ne faisant qu'aggraver la dissolution de nos liens avec le monde, ce monde qui a dû être parfait mais à une époque bien antérieure à ce dont on parle dans nos livres d'histoire.

Conclusion

Voici résumées les notions essentielles du monde karmique. Il faudrait encore de nombreux ouvrages pour aborder les détails et les zones nuancées de ce qui se constate au quotidien car nos façons de vivre, nos hantises, nos peurs, nos erreurs, nos espoirs ou nos destins sont en grande partie liés à ce qui était avant.

Dans notre monde occidental, l'hérédité n'est assimilée que si elle se mesure et se constate : une pathologie artérielle, un caractère hargneux, un potentiel artistique, un métier de père en fils, une tendance à boire, un goût prononcé pour les chevaux ou les bateaux, une grande taille, un talent, une physionomie, etc. J'appellerais plutôt cela une hérédité « biologique » courante incitant l'observateur à se fixer essentiellement sur ces constatations, ce qui constituera une approche intéressante pour le médecin mais bien peu de choses pour le psychothérapeute ou pour celui qui tente d'investir un domaine plus abstrait que celui de la matière.

Les répercussions du karma dans la vie courante sont immenses car il guide une grande partie de l'inconscient, cet inconscient se dégageant ensuite sur des formes conscientes qui trouveront leurs repères dans ce qu'on appelle la raison, la logique, la convenance, le devoir, etc. Cela revient à dire que notre karma est bien plus intelligent que nous qui sommes au bout de la chaîne de l'inconscient, et que nos raisons ne sont que les habits d'une essence supérieure nous dictant attitudes, conduites, vocations, priorités ou aversions. D'ici à n'être que les instruments automatiques de son karma, il n'y a qu'un pas… que je franchirai volontiers, ne serait-ce qu'en regard de ce qui se passe aussi bien dans le monde qu'autour de nous : les passions primaires et les vénalités diverses délogeant de plus en plus la raison et le bon sens ; l'identité du Mal se diluant dans des principes prioritaires ou de première nécessité qui ne sont que des leurres assimilés comme une sorte de logique salvatrice et nouvelle, s'éloignant par ses jeux de miroirs de la vérité et de l'équilibre.

Comment réagirait-on à une révélation qui nous dévoilerait soudainement qu'il y a quelque chose de plus puissant que notre jugement, des articulations karmiques gouvernant nos motivations et nos sens vitaux ? Le discours politique ou partisan est, lui aussi, mû par les forces qui animent l'orateur, forces karmiques se répandant sur toutes les couches à féconder derrière le paravent de la logique usurpée du nid originel, le monde occidental allant de mirages en mirages sans pouvoir trouver le chemin de sa maison mais se reposant çà et là comme un vagabond perdu sur le bon vouloir des joueurs de flûte rencontrés au fil du temps, le son dégagé de ces flûtes devant nécessairement correspondre aux charmes attendus par les serpents enfouis dans le karma qui s'activent ou se désactivent.

Chacun a son serpent à domestiquer. Sinon, pourquoi cette femme inconnue passant dans la rue sans nous laisser la moindre émotion serait-elle dans le cœur d'un homme au loin qui tremblerait d'intensité sentimentale à notre place… ? Ou pourquoi cette haine entre deux êtres qui trouvent dans cet état matière à conclure, sans pour autant imaginer un seul instant le grand décor karmique qui se joue derrière le paravent du ressenti et des principes ?

L'homme a toujours fui la vraie confrontation avec le karma à travers de grandes errances dans l'histoire du temps. Se déguisant, comme dans l'ère des Poissons, avec les guenilles de la souffrance ou de la vénalité cousues avec le fil de l'illusion, il fuit maintenant vers l'ère du Verseau en croyant marcher vers l'émancipation sans se douter qu'il tourne en rond et que ces images n'auront aucune raison d'être tant qu'il s'obstinera à ne pas être ce qu'il est… vraiment.

L'aveu, c'est comprendre son karma, l'accepter et le prendre en charge comme un bagage de la nuit des temps, régresser dans la vanité de croire à une supériorité divine qui viendrait suppléer au manque d'identité fondamentale ou masquer les vérités venant des liens du sang et des héritages karmiques. L'être humain ne s'émancipera que par lui-même, progressivement, cas par cas, et non dans des effets de masse comme il est colporté ici ou là.

L'ère du Verseau est déjà entamée depuis quelques années ; elle sort du ventre des Poissons et n'apportera les améliorations prévues sur le plan purement humain que dans plusieurs décennies ; les traces de souillures seront trop longues à résorber complètement quoique l'astrologue constate des améliorations karmiques évidentes chez la génération des enfants des années 90, comme si un assainissement intello-spirituel était déjà entamé. L'ère du Verseau ne donnera aucune idée de sa fortune avant de nombreuses années ; son début sera marqué d'abord longtemps par l'usurpation, c'est-à-dire par des leurres pouvant s'apparenter à la grande émancipation : éclatement du monde médiatique et de la communication, nouvelles idées illusoires, faux gourous, dissémination importante des sectes, purifications religieuses dans le sens large du terme, techniques de pointe n'estompant que les contraintes, avancées politico-spirituelles mirobolantes, philanthropies inapplicables sur le terrain, etc. L'homme sera tout aussi seul et désemparé, malgré la prolifération de portes de sortie menant sur des étourdissements aléatoires, l'euphorie du bon vin... et la gueule de bois du lendemain !...

Actuellement, la meilleure preuve de cette usurpation consiste à observer l'engouement général des médias, des pouvoirs publics et de l'opinion pour ce qu'on appelle l'humanitaire. Il s'est instauré progressivement un développement phénoménal de ces idées philanthropiques, que ce soit pour les pauvres du quartier ou les affamés du bout du monde. Parallèlement jamais le monde n'a été aussi cruel ; la faim ne fait que persister ; le malheur prolifère ; la violence s'intensifie ; l'injustice est de plus en plus frappante ; les guerres et les exterminations se propagent ; la haine devient routinière, etc. Ces calamités ne sont pas résolues, loin de là ; pourtant les belles images demeurent au-dessus de la lâcheté des réalités. L'homme veut aider et progresser, s'améliorer et s'harmoniser, c'est vrai, mais surtout pas en regardant les problèmes en face. Alors il occulte son vrai rôle tout en s'entêtant dans les élans du cœur, pensant qu'il est revêtu de la toge du sage et du philanthrope, premiers et pâles éclats de cette ère du Verseau.

Si nous avons développé la vie karmique dans cet ouvrage, il faut la transposer également au macrocosme : le monde a aussi son propre karma, mais quel est-il ? d'où vient-il ?

Le karma de l'humanité provient des Poissons, c'est-à-dire

de cette vie karmique autrement plus gigantesque qu'une vie humaine et qui s'extirpe de ce ventre avec tant de mal, de lenteur et d'incompréhension car l'homme ne sait approcher ces considérations qu'au contact de ses propres intérêts. Être autre que lui-même est impossible, il respire, résiste, se maintient et s'endort sur ses petites victoires l'éloignant des vérités profondes, matrices du monde humain, karma géniteur des nôtres.

Conclure sera donc usurpatoire ou lâche devant cette puissance karmique dont nous sommes involontairement tributaires et qui nous hante en suscitant une honte acceptée, officielle, assimilée, sorte de fardeau humide sans poids ni présence faisant continuellement écho de nos faiblesses et ignorances non admises, car comment pourrait-on autrement admirer le regard innocent de cette jolie petite fille sans éprouver un frisson d'effroi ou d'impuissance que viennent aussitôt combler tendresse et protection... ? La pureté humaine originelle dérange les consciences en reflétant des malaises impalpables et profonds alimentant un tendre cannibalisme autorisé et encouragé à travers consommation boulimique à outrance, orgies sociales, vénalités primaires et adultes, violences muettes, viols mentaux sur chacun de nous, horreurs banalisées, vampirisme de la cour de l'immeuble aux corps d'État, haine séculaire qui recherche l'image, la cible, la raison, la vie... Petite fille au regard innocent si beau que vont corrompre bientôt les inévitables histoires du grand méchant loup, reflet naïf du Bien et du Mal instaurant l'idée de tuer pour calmer sa faim ou se protéger, l'élan karmique fléchissant vers son vice le plus courant, la destruction, même dans les plus jolis contes de fées... Dieu que la vie est belle en préservant l'enfance de nos désirs et de nos actes ! Chacun de nous devra un jour ou l'autre progressivement devenir ce que l'ère du Verseau éveillera : un écologiste mental.

ANNEXES

Rappels techniques

Le rôle de l'ascendant

Nous ne développerons pas ici ce qui a été traité de façon plus complète dans notre précédent ouvrage* mais il faut savoir que l'ascendant, appelé Maison 1, est un point précis situé dans le signe zodiacal qui se levait à l'Est à l'heure et au lieu du jour de votre naissance.

Malgré ce qu'on dit, l'ascendant n'a jamais déterminé un caractère. Il y a des ascendants Gémeaux nerveux, c'est vrai, mais d'autres contemplatifs et très calmes, la personnalité n'étant pas liée à cette localisation en signe. Par contre, on retrouve certains physiques assez caractéristiques des ascendants mais de façon irrégulière. Ils peuvent donc influencer une morphologie, la taille, la façon de se tenir de temps en temps.

Son rôle est surtout de déterminer le potentiel physique et la santé par le legs des ascendants familiaux – mais cet élément seul ne suffit pas. Les planètes éventuelles placées à l'ascendant ou dans la Maison 1 renseignent avec plus de précision sur ce legs héréditaire donné au natif, puis déterminent la distribution de ses gouverneurs en signes, comme nous allons le voir plus loin. Certains astrologues parviennent à cibler une personnalité par le biais de la combinaison signe solaire-ascendant mais cette méthode me semble assez vague. Cet ascendant forge donc avec ses satellites gouverneurs et leurs positions en signes et en Maison des signatures planétaires régissant l'ossature de la personnalité, le tempérament, les possibilités sociales, les choix prioritaires et le potentiel physique en général. Voici la liste de ces ascendants et des signatures planétaires qu'ils impliquent :

* *Guide de l'astrologie planétaire*, Éditions De Vecchi, 1996.

Asc. Bélier	➞ signature solaire ou martienne
Asc. Taureau	➞ signature vénusienne ou lunaire
Asc. Gémeaux	➞ signature mercurienne
Asc. Cancer	➞ signature lunaire ou jupitérienne
Asc. Lion	➞ signature solaire ou neptunienne
Asc. Vierge	➞ signature mercurienne
Asc. Balance	➞ signature vénusienne ou saturnienne
Asc. Scorpion	➞ signature plutonienne, martienne ou uranienne
Asc. Sagittaire	➞ signature jupitérienne ou neptunienne
Asc. Capricorne	➞ signature saturnienne ou martienne
Asc. Verseau	➞ signature uranienne ou saturnienne
Asc. Poissons	➞ signature neptunienne, vénusienne ou jupitérienne

■ Comment trouver ses signatures planétaires

Trouver ses propres signatures planétaires nécessite la connaissance des positions astrales le jour de votre naissance, ce qui revient à dire être en possession de sa carte du ciel natal.

Votre ascendant étant déterminé, il faut rechercher dans le tableau les correspondances avec les signatures, et trouver ensuite la position en signe de ces signatures. Un exemple : vous êtes né un 2 juillet sous un signe zodiacal qui se trouve être le Cancer, l'ascendant étant ici en Balance : signature saturnienne ou vénusienne. Il vous faut rechercher en quels signes étaient ces deux planètes le 2 juillet de votre année de naissance : par exemple toujours, Saturne était en Lion et Vénus en Vierge. Vous avez deux signatures planétaires : vous êtes Saturnien du Lion ou alors Vénusien de la Vierge, voire les deux selon l'âge. Vous retrouverez toutes les caractéristiques générales de ces signatures qui ont été compilées dans l'ouvrage cité plus haut, relatant les possibilités d'utilisation de ce potentiel planétaire et permettant de se guider et de mieux se comprendre.

Les qualités des signatures varient considérablement selon la planète en cause et le signe où elle se trouve : un Lunaire du Taureau sera mieux loti qu'un Lunaire du Scorpion dans la plupart des cas, un Martien du Cancer aura un épanouissement plus poussif qu'un Martien du Scorpion ou du Bélier qui trouvera des sources originelles nettement plus puissantes que le premier.

Ces qualités planétaires peuvent se résumer dans le tableau suivant mais il faut prendre aussi en compte les possibilités d'émancipation et de sublimation du natif, c'est-à-dire la faculté consciente de renverser certains pôles négatifs en positifs, voire d'amoindrir des tendances en toute connaissance de cause.

QUALITÉS DES SIGNATURES DANS LES SIGNES					
Signature	***Domicile***	***Exaltation***	***Exil***	***Chute***	***Trigonocratie***
Solaire	Lion	Bélier	Verseau	Balance	Sagittaire
Lunaire	Cancer	Taureau	Capricorne	Scorpion	Poissons
Mercurien	Gémeaux Vierge	Vierge	Sagittaire	Poissons	Balance Verseau
Vénusien	Taureau Balance	Poissons	Bélier Scorpion	Vierge	Gémeaux Verseau
Martien	Bélier Capricorne	Scorpion	Balance Taureau	Cancer	Lion
Jupitérien	Sagittaire	Cancer Poissons	Gémeaux Capricorne	Vierge	Bélier Lion
Saturnien	Capricorne Verseau	Balance	Cancer Lion	Bélier	Taureau
Uranien	Verseau	Scorpion	Lion	Taureau	Gémeaux
Neptunien	Poissons	Lion	Vierge	Verseau	Scorpion
Plutonien	Scorpion	Bélier	Taureau	Balance	Poissons

En domicile, *la planète se trouve en accord total avec son signe de prédilection, elle est chez elle et diffuse positivement ses influx.*

En exaltation, *la planète se trouve en harmonie intense avec son signe et elle instaure une multiplication des qualités liées à ce signe, une croissance régulière des influx positifs se dégageant de cette configuration astrale.*

En exil, *la planète est paralysée et amoindrie, elle ne donne plus sa puissance que sur des critères étroits, difficiles à maîtriser.*

En chute, *la planète suspend son potentiel et ne donne que ses aspects négatifs tout en dégageant une impression de conformité semant pièges et désillusions, la régression et la chute étant généralement mal perçues.*

En trigonocratie, *la planète immobilise son potentiel et ne le diffuse que progressivement selon l'âge, ses qualités étant tributaires du temps, de l'expérience et des efforts consentis pour les acquérir.*

Le rôle des Maisons

Les Maisons segmentent une carte du ciel en secteurs d'influence et elles sont au nombre de douze. Ces secteurs représentent des angles englobant un ou plusieurs signes sur la carte du ciel et peuvent donc varier de taille, c'est-à-dire qu'il y a des Maisons fractionnées de différentes façons. Ces Maisons alimentent des particularités significatives et jouent un rôle précis dans une interprétation d'une carte du ciel. Voici leurs définitions.

Ascendant ou Maison 1 : représente le potentiel physique et l'hérédité, en liaison avec les planètes en signes gouvernant cet ascendant. En tant que tel, l'ascendant ne définit pas grand-chose sauf s'il est occupé par des planètes ou des astres : dans ce cas, il y aura un message à traduire au vu des éléments fixés dans cette Maison, qui seront pris en compte avec les gouverneurs de cet ascendant (voir tableau), eux-mêmes souvent dans d'autres signes et Maisons de la carte du ciel. En astrologie traditionnelle, la Maison 1 est censée représenter le consultant, le possesseur du thème astral.

Maison 2 : secteur des possibilités matérielles et financières, de la façon de gagner et de dépenser l'argent, etc.

Maison 3 : secteur de la vie psychologique et morale, des rapports avec l'entourage, de la communication, des contacts, etc. Cette Maison représente les frères et les sœurs éventuels.

Maison 4 : secteur de l'hérédité, de la généalogie, du patrimoine, de la vie familiale et domestique, etc.

Maison 5 : secteur de la vie affective, sentimentale et émotionnelle. Indique les enfants, les plaisirs créatifs, l'épanouissement, l'inspiration, etc.

Maison 6 : secteur de la vie professionnelle, des contraintes, limitations et obligations en découlant, des petites maladies, des ennuis quotidiens, etc. C'est aussi l'un des deux secteurs influençant la vie commerciale.

Maison 7 : secteur de la vie conjugale, des unions, des amours, de la vie sociale. Représente souvent le conjoint, l'adversaire, le partenaire, l'associé, mais aussi les opportunités, les ouvertures, les rapports extérieurs, etc.

Maison 8 : secteur de la vie abstraite, occulte, cachée, introvertie. Représente les crises, les métamorphoses, les changements imposés, le renouveau, etc. C'est aussi le secteur de la sexualité et du subconscient, des legs et des héritages.

Maison 9 : secteur de la vie intellectuelle, spirituelle, des idéaux, des convictions, des voyages, des grandes aventures, des rapports avec l'autorité, la loi.

Maison 10 : secteur de la vie sociale, du destin, de la réussite, des grandes réalisations, des actes majeurs, des événements importants, de l'engagement personnel. Représente aussi la hiérarchie, ce qui est plus élevé que soi.

Maison 11 : secteur de la vie amicale, des appuis et des protections, du public ou de la clientèle, des projets, des désirs et des espoirs.

Maison 12 : secteur des épreuves, des trahisons, des désillusions, des grandes maladies, de ce qui n'est pas prévu, des accidents, des opérations importantes, etc. Avec la Maison 8, elle influence le rôle de la mort sur l'individu.

SYMBOLES GRAPHIQUES DES SIGNES DU ZODIAQUE, DES ASTRES ET DES PLANÈTES

♈	Bélier	☉	Soleil
♉	Taureau	☽	Lune
♊	Gémeaux	☿	Mercure
♋	Cancer	♀	Vénus
♌	Lion	♂	Mars
♍	Vierge	♃	Jupiter
♎	Balance	♄	Saturne
♏	Scorpion	♅	Uranus
♐	Sagittaire	♆	Neptune
♑	Capricorne	♇	Pluton
♒	Verseau	⚸	Lune noire
♓	Poissons	℞	Planète rétrograde

Glossaire

Les mots techniques employés dans cet ouvrage sont ceux couramment utilisés en astrologie. Ils ne constituent pas un jargon réservé uniquement aux initiés, et sont facilement assimilables par le profane.

Affligé : se dit d'un élément planétaire chargé d'influx ou de configurations négatifs ou dissonants.

Ascendant : l'ascendant, ou Maison 1, est un point précis se trouvant dans le signe du Zodiaque, qui se levait à l'Est au moment de la naissance.

Aspecté(e) : se dit d'un élément de la carte du ciel formant un aspect planétaire avec un autre élément.

Aspects négatifs : généralement, les aspects négatifs entre deux éléments de la carte du ciel sont le carré et l'opposition mettant des forces en adversité sans possibilité d'alliance.

Aspects positifs : généralement, les aspects positifs entre deux éléments de la carte du ciel sont la conjonction, le sextile et le trigone mettant des forces en alliance ou en association.

Carré : aspect angulaire de 90° entre deux éléments de la carte du ciel.

Carte du ciel : cercle symbolique représentant la constellation du Zodiaque, les dix planètes traditionnelles du système solaire, les douze Maisons et leurs configurations à un jour, à une heure et à un lieu donnés.

Conjonction : aspect angulaire étroit ou nul entre deux éléments de la carte du ciel, ces derniers se touchant ou étant très rapprochés l'un de l'autre.

Consultant : se dit de celui qui consulte mais aussi du possesseur de la carte du ciel analysée.

Dominante : astre ou planète ayant une importance cruciale vis-à-vis des autres dans une carte du ciel, et constituant une signature planétaire.

Gouverneur : se dit d'un astre ou d'une planète régissant un signe et ayant une maîtrise initiale sur ce signe.

Groupe ascendant : se dit d'un ascendant ou Maison 1 composé de plusieurs signes. Par exemple, l'ascendant peut débuter au 25e degré des Gémeaux et se terminer au 4e degré du Lion. Ce qu'on appelle le groupe ascendant regroupera donc les signes des Gémeaux, du Cancer et du Lion activant leurs gouverneurs respectifs.

Maison : secteur caractéristique et particulier d'une carte du ciel, composé de ses significations propres. Une carte du ciel est composée de douze Maisons.

MC : se dit du Milieu du Ciel ou Maison 10, la plus élevée de la carte du ciel.

Natif : se dit du propriétaire de la carte du ciel ou de la signature incriminée.

Opposition : se dit d'un aspect angulaire global de 180° entre deux éléments de la carte du ciel qui se retrouvent face à face dans le cercle zodiacal.

Sextile : se dit d'un aspect angulaire de 60° entre deux éléments de la carte du ciel.

Signature planétaire : identité caractéristique découlant d'une planète cruciale et dominante dans une carte du ciel natal.

Transit : se dit d'un passage annoncé et repéré d'un astre ou d'une planète sur un point précis de la carte du ciel à un moment donné.

Trigone : se dit d'un aspect angulaire de 120° entre deux éléments de la carte du ciel.

Pour aller plus loin

Le monde karmique peut être abordé de différentes manières ou avec des supports variés, les ouvrages indiqués proposant néanmoins des réponses et des solutions constructives à nos interrogations et nos inquiétudes. Ce sont des ouvrages qui, comme celui-ci, ont été élaborés à partir d'observations sur le terrain ou d'investigations basées sur des analyses découlant sur des approches intéressantes.

Astrologie karmique

ANDRIEU (Irène), *L'Arbre généalogique karmique*, Dangles, 1992.

GIANI (Patrick), *L'Astrologie karmique*, Éditions De Vecchi, 1993.

HOLLEY (Germaine), *Astrologie, Karma et Rythmes cosmiques*, Éditions du Rocher, 1986.

LARZUL (Laurence), *Découvrez votre destinée grâce à l'astrologie karmique*, Grancher, 1996.

Vies antérieures et réincarnation

DESJARDINS (Denise), *La Mémoire des vies antérieures*, La Table Ronde, 1980.

LANCEAU (Jean-Pierre), *Après la mort, la vie : faits, explications*, Éditions De Vecchi, 1995.

PAVESI (L.), *Au-delà de la vie : des témoignages de prémort*, Éditions De Vecchi, 1994.

PIÉTRI (Jérôme), *Réincarnation et Survie des âmes*, Dangles, 1990.

RILK (Thomas), *Communiquer avec l'au-delà*, Éditions De Vecchi, 1996.

VÉDRINE (Hettie-Henriette), *La Réincarnation et votre destin*, Éditions De Vecchi, 1995.

VIGNE (Pierre), *Les Sorties hors du corps*, Éditions De Vecchi, 1991.

Karmas

DALAÏ-LAMA, *La Vie est à nous*, Albin Michel, 1996.

HOEFLER (A.), *Karma, la chance de la vie*, Guy Trédaniel, 1995.

LIROY (Lucien), *Maîtrisez et Développez votre karma*, Éditions De Vecchi, 1996.

Éthologie humaine

Je vous recommande également les œuvres de Boris Cyrulnik, fantastique visionnaire de l'âme humaine, en particulier *Les Nourritures affectives* et *L'ensorcellement du monde* (parus aux Éditions O. Jacob).

Table des matières

DEUXIÈME PARTIE :
PSYCHOTHÉRAPIES ET RECONSTRUCTION

ANNEXES